Martin Wolf

Klimakunde

Wetter, Klima und Atmosphäre

Herausgegeben von:
Prof. Dr. Alexander Siegmund und Prof. Dr. Peter Frankenberg

D1726332

westermann

Titelfoto: Hurricane Floyd über der südlichen US-Ostküste, 14. September 1999

© 2013 Bildungshaus Schulbuchverlage
Westermann Schroedel Diesterweg
Schöningh Winklers GmbH, Braunschweig
www.westermann.de

Druck A² / Jahr 2016
Alle Drucke der Serie A sind im Unterricht parallel verwendbar.

Redaktion: Martin Wolf
Umschlaggestaltung: Thomas Schröder
Druck und Bindung: westermann druck GmbH, Braunschweig

ISBN 978-3-14-151047-8

Inhalt

„Alle reden vom Wetter!", lautet ein geflügeltes Wort. Ob für Urlaub, Freizeit oder bei der Planung beruflicher Aktivitäten – die aktuellen Wetterverhältnisse und Informationen darüber, wie sich das Wetter in naher Zukunft entwickelt, haben Einfluss auf viele unserer Lebensbereiche. Inzwischen könnte man den Satz ergänzen und hinzufügen: „Alle reden vom Klima!" Das Interesse an klimatologischen Fragestellungen hat – auch außerhalb der Fachwelt – in den letzten Jahren enorm zugenommen. Das liegt zum einen an den zahlreichen neuen Erkenntnissen, die das Fach gerade im Laufe des 20. Jahrhunderts gewonnen hat. Ein tiefergehendes Verständnis atmosphärischer Prozesse und die Verbesserung der technischen Möglichkeiten erlauben es mittlerweile, mithilfe komplexer Modelle fundierte Aussagen auch über das Klima der Zukunft zu treffen. Gleichzeitig haben Themen wie der Klimawandel oder der Abbau der Ozonschicht die Aufmerksamkeit der Öffentlichkeit auf Probleme gelenkt, die weit über die einfache Frage nach dem Wetter von morgen hinausgehen. In dem Maße, wie die langfristigen Aspekte des Wetters – um nichts anderes handelt es sich im Wesentlichen bei klimatologischen Fragestellungen – in den Fokus des öffentlichen Interesses geraten, wandelt sich die Klimakunde von einer reinen Fachwissenschaft mehr und mehr zu einer Disziplin, deren Erkenntnisse großen Einfluss haben auf andere gesellschaftliche Bereiche wie Politik und Verwaltung, Wirtschaft, Konsum und privaten Lebensstil. Um die Aussagen von Klimaforschern besser einordnen zu können, ist jedoch ein grundsätzliches Verständnis der physikalischen Grundlagen atmosphärischer Prozesse, der räumlichen Differenzierung des Klimas und die Kenntnis der wichtigsten Fachbegriffe unerlässlich. Dazu möchte dieser Band einen Beitrag leisten.

In einem Einführungskapitel wird zunächst näher auf die Begriffe „Klima" und „Klimaforschung" eingegangen sowie auf die grundlegenden methodischen Herausforderungen, denen sich die Disziplin zu stellen hat. In den folgenden Kapiteln werden anschließend die wichtigsten Themengebiete der Klimatologie behandelt: die Sonne als Energiequelle des klimatischen Geschehens, Zusammensetzung und Funktion der Gashülle unseres Planeten, die Rolle des Wassers in der Atmosphäre sowie die Allgemeine Zirkulation der Atmosphäre mit einer Darstellung der globalen Druck- und Windgürtel einschließlich der Gesetzmäßigkeiten und Antriebskräfte, die das System steuern. Die letzten beiden Kapitel widmen sich verschiedenen Klassifikationsansätzen zur Einteilung des Klimas in Klimazonen und Klimatypen sowie speziellen Themen der Klimaforschung wie der Geländeklimatologie und dem Stadtklima. Der Band schließt mit zwei aktuellen Problemen: dem Abbau der Ozonschicht und dem Einfluss des Menschen auf den Treibhauseffekt. Das Buch ist speziell konzipiert für den Unterricht in der gymnasialen Oberstufe. Der Stoff ist in überschaubare Einheiten gegliedert, die jeweils mit einem Aufgabenblock abschließen, mit dessen Hilfe die Inhalte rekapituliert, an Beispielen verdeutlicht und selbstständig vertieft werden können. Die Darstellung ist dabei so gehalten, dass auch Studierende der Geographie und benachbarter Disziplinen der Geo- und Umweltwissenschaften sowie alle, die an klimotologischen Fragestellungen interessiert sind, sich mithilfe dieses Bandes einen fundierten Überblick über die wichtigsten Themenbereiche der Klimatologie verschaffen können.

Klima und Klimaforschung

1

Um Wetter und Klima zu beschreiben, werden messbare Größen wie Temperatur, Niederschlag oder Windgeschwindigkeit herangezogen. Erfasst werden die Werte mit einem weltweiten Netz von Wetterstationen. Darüber hinaus untersucht die Klimaforschung, in welcher Weise Faktoren wie die Höhenlage, die geographische Breite oder die Land-Meer-Verteilung das Klima beeinflussen. Die atmosphärischen Erscheinungen werden nicht isoliert betrachtet, sondern im Zusammenhang mit anderen Sphären der Erde wie den Ozeanen, den Eisschilden oder der Lebenswelt der Pflanzen und Tiere.

Atmosphärische Prozesse stehen in enger Wechselwirkung mit anderen Sphären der Erde wie den Ozeanen, der Vegetation und dem Boden. Wissenschaftler sprechen deshalb von einem Klimasystem, das unterschiedliche Subsysteme umfasst.

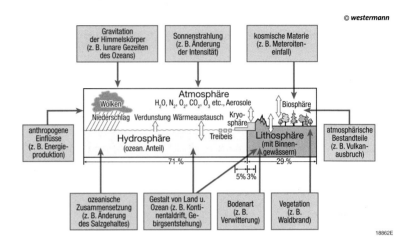

M1: Das Klimasystem der Erde: Die Prozentzahlen beziehen sich auf die Oberflächenanteile der jeweiligen Subsysteme an der gesamten Erdoberfläche.

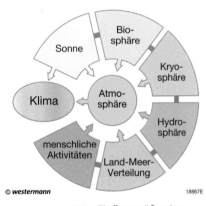

M2: Einflussgrößen im Klimasystem

M3: Quellentext zur Klimadefinition
Harmeling, S.: Globaler Klimawandel (2008)

Wetter und Klima bestimmen das Leben auf der Erde: Temperatur und Niederschlag beeinflussen Höhe und Qualität der Ernteerträge. Für unsere Vorfahren gab der Wechsel der Jahreszeiten den Rhythmus von Arbeits- und Ruhephasen vor. In vielen Weltregionen entscheiden diese Faktoren noch immer darüber, oben Menschen hungern oder genug Nahrung zur Verfügung haben. In den Industrienationen ist man im Zuge des technologischen Forschritts scheinbar unabhängig vom Wetter geworden, das allenfalls bei Freizeitaktivitäten oder der Urlaubsplanung noch eine Rolle spielt. Dennoch beeinflussen meteorologische Ereignisse – allem technischen Fortschritt zum Trotz – unser Leben noch immer entscheidend. Das hat die Diskussion um den Klimawandel und seine Folgen auf drastische Weise ins Gedächtnis zurückgerufen. Doch worin besteht eigentlich der Unterschied zwischen Wetter und Klima? Wann spricht man von einem Wetterwechsel, wann von Klimaschwankungen. Beide Begriffe beschreiben den Zustand der Atmosphäre durch messbare Größen wie Lufttemperatur, Niederschlag, Strahlung oder Windrichtung. Den Unterschied bildet die zeitliche Dimension: „Klima ist der langfristige Aspekt des Wetters", lautet eine gängige Definition.

»

Der Begriff Klima ist in der Wissenschaft exakt definiert: Er beschreibt die Gesamtheit der meteorologischen Erscheinungen, die für eine Dauer von 30 Jahren den durchschnittlichen Zustand der Atmosphäre an einem bestimmten Ort charakterisieren. Demgegenüber bezeichnet man mit „Wetter" nur kurzfristige und lokale Erscheinungen wie ein Gewitter oder einen kalten Wintertag. Das Klima ist nicht konstant, sondern unterliegt ständigen Schwankungen. Dafür gibt es mehrere Ursachen: Den größten Einfluss hat die Atmosphäre. Sie steht in Wechselwirkung mit anderen Komponenten wie Ozeanen und Eisflächen, der Landoberfläche und der Biosphäre. Die Antriebsenergie für den Austausch zwischen diesen Teilsystemen liefert die Sonne, wobei je nach Breitengrad und Jahreszeit unterschiedlich viel Energie durch die Atmosphäre bis zur Erdoberfläche dringt.

«

Die 30-Jahres-Spanne für Klimabeobachtungen wurde von der Weltorganisation für Meteorologie (WMO) als Normalperiode definiert. Neben Wetter und Klima kennt die Wissenschaft noch den Begriff der **Witterung**, mit dem Wetterabläufe in einem bestimmten Gebiet für die Dauer eines mittleren Zeitabschnitts – mehrerer Tage bis Wochen – beschrieben werden. Bei der Erforschung von Klimaprozessen hat sich inzwischen eine integrative Betrachtung durchgesetzt: Atmosphärische Erscheinungen werden im Zusammenhang mit weiteren Sphären der Erde wie den Ozeanen oder der Erdoberfläche betrachtet. Man spricht deshalb auch vom **Klimasystem**.

Normalperiode
Auf 30 Jahre von der WMO festgelegter Zeitraum der Klimabeobachtung. Die derzeitige Normalperiode läuft von 1991 bis 2020.

*Die **Atmosphäre** ist die Gashülle unseres Planeten. Sie steht in ständiger Wechselwirkung mit den anderen Subsystemen des Systems Erde.*
*Zur **Hydrosphäre** zählt die gesamte Wasserhülle der Erde in Form von flüssigem und gasförmigem Wasser. Sie bildet ein wichtiges Speicher- und Transportmedium für Wärme.*
*Die **Kryosphäre** wird aus den Eis- und Schneeflächen der Erde gebildet und spielt eine wichtige Rolle im Wasserhaushalt der Erde. Darüber hinaus beeinflusst sie durch ihre Reflexionseigenschaften den Energieumsatz der Erdoberfläche.*
*Der Begriff **Lithospäre** beschreibt den Gesteinsuntergrund der Erde. Sie beeinflusst durch ihre Eigenschaften bei der Reflektion und Absorption solarer Strahlung ebenfalls den Energieumsatz und die Energieflüsse in der Atmosphäre.*
*Die **Biosphäre** umfasst die Lebenswelt der Pflanzen und Tiere. In Gestalt der Vegetationsdecke hat sie Einfluss auf Verdunstung und Strahlungshaushalt.* ●

*Auch die Böden (**Pedosphäre**) sind ein Teil des Klimasystems. Als Grenzschicht zwischen der Lithosphäre auf der einen und der Atmosphäre und Biosphäre auf der anderen Seite bildet die Pedosphäre die Voraussetzung für die Entstehung des terrestrischen pflanzlichen Lebens. Über die Pflanzendecke hat sie indirekt Einfluss auf die Verdunstung und den irdischen Strahlungshaushalt.*

Komponente		Grenzfläche in 10^6 km²/in %	Masse in 10^{18} kg	Dichte in kg m⁻³	Spezif. Wärmekapazität in J m⁻³ K⁻¹
Atmosphäre		510/100 %	5	1,3	1000
Ozean[1]		361/70,8 %	1350	1000	3900
Kryosphäre[2]	Merreis[3]	26/5,1 %	0,4	800	2100
	Landeis[4]	14,5/2,8 %	28	900	2100
Biosphäre[8]		103/20,2 %	0,002	100 – 800[5]	2400
Land, oberster Bereich		149/29,2 %	−[6]	2000[7]	800

1) ohne Meereis; zur Hydrosphäre gehören darüber hinaus die Süßwassergebiete (ca. 2 x 10^6 km²).
2) ohne Chionosphäre (Schneebedeckung, 20 x 10^6 km²) und ohne Grundeis.
3) 7,2 % der Ozeanfläche, jahreszeitlich aber stark variabel.
4) 9,4 % der Landfläche.
5) der untere Wert gilt für Blätter, der obere für einen Eichenstamm.
6) gesamte feste Erde (Geosphäre) 5,98 x 10^{24} kg.
7) Mittelwert für Geosphäre 5517 kg m⁻³ (=5,517 g cm⁻³), für Pedo-/Lithosphäre (Erdkruste) 2600 kg m⁻³.
8) 69 % der Landfläche.

M 4: Quantitative Übersicht der Komponenten des Klimasystems

....

1 Beschreiben Sie das Klimasystem der Erde mit seinen Teilkomponenten. Berücksichtigen Sie dabei auch die Größenordnung der einzelnen Subsysteme.
2 Arbeiten Sie heraus, welche Schnittstellen zwischen den einzelnen Komponenten des Klimasystems existieren, und analysieren Sie die Wechselwirkungen zwischen den Teilkomponenten.

Messungen bilden die Basis für die Beschreibung von Wetter, Witterung und Klima. Um die Messwerte international vergleichbar zu machen, wurden nicht nur die Maßeinheiten, sondern auch die Messverfahren vereinheitlicht und standardisiert.

Um Wetter und Klima zu beschreiben, werden mess- und beobachtbare Größen herangezogen wie Lufttemperatur, Niederschlag, Windgeschwindigkeit oder Bewölkungsgrad. Diese atmosphärischen Zustände bezeichnet man als **Klimaelemente**. In der Klimakunde werden solche meteorologischen Variablen über einen längeren Zeitraum beobachtet und registriert – in der Regel mindestens 30 Jahre (Normalperiode). Aus langjährigen Messreihen können langfristige Klimatrends abgeleitet und statistisch analysiert werden. Die Klimaelemente dienen auch als Grundlage für eine Vielzahl von Klimaklassifikationen, mit deren Hilfe sich das Klima der Erde in Klimazonen einteilen lässt. Die Klimatologie beschränkt sich jedoch nicht auf die Beschreibung und Interpretation meteorologischer Messwerte, sondern versucht auch zu erklären, welche Faktoren in welcher Weise auf das Klima eines Raumes Einfluss nehmen. Man bezeichnet solche Einflussgrößen, zu denen beispielsweise die geographische Breite und Höhe oder die Land-Meer-Verteilung zählen, als **Klimafaktoren**. Sowohl Klimafaktoren als auch Klimaelemente unterliegen zeitlichen und räumlichen Schwankungen: Die Ausprägung der Klimafaktoren bedingt dabei die Ausprägung der Klimaelemente.

Um die Klimaelemente zu erfassen, wurde die Erde im Laufe der Zeit mit einem Netz von Wetterstationen überzogen. Die nationalen Wetterdienste unterhalten weltweit insgesamt rund 9 000 hauptamtliche Messstationen. Die Messergebnisse werden über die Wetterdienste der einzelnen Länder an mehrere Wetterzentralen übermittelt, die ihre Daten untereinander austauschen. Die Daten liefern die Basis für die computergestützte Wettervorhersage wie auch für die langfristige Beobachtung des Klimas.

Damit die Werte der unterschiedlichen Stationen vergleichbar sind, muss die Messung nach internationalen Standards erfolgen. Die Lufttemperatur beispielsweise wird mithilfe von standardisierten **Wetterhütten** gemessen. Dabei handelt es sich um weiß gestrichene Messkabinen mit jalousieartigen Wänden, die in einer Höhe von zwei Metern über einem Grasboden stehen und so aufgestellt sind, dass sich die Türen nach Norden öffnen. Die Haupttermine

Klimaelemente

• Temperatur	• Luftfeuchte
• Niederschlag	• Bewölkung
– Menge	– Wolkentyp
– Form	– Bedeckungsgrad
• Luftdruck	• Strahlung
• Wind	• Oberflächentemperatur
– Richtung	• Bodentemperatur
– Geschwindigkeit	

Klimafaktoren

• Geographische Breite	großräumig
• Lage zum Meer	
• Höhenlage	
• Exposition	
– Wind	kleinräumig
– Sonne	
• Bodenbedeckung	

M 1: Klimaelemente und Klimafaktoren

M 2: Arbeit an einer Wetterhütte

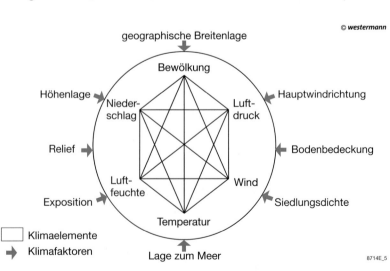

© westermann

Klimaelemente
Klimafaktoren

M 3: Klimaelemente und Klimafaktoren und ihre Wechselwirkungen

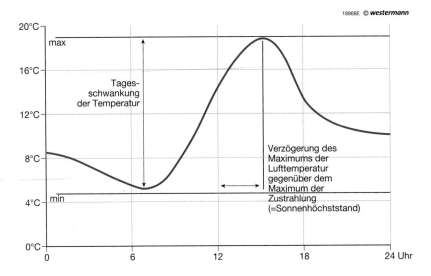

18868E © *westermann*

M 4: Tagesgang der Temperatur an einem Frühlingstag

für die Messung liegen jeweils um 07, 14 und 21 Uhr Ortszeit (so genannte **Mannheimer Stunden**). Auf diese Weise kann unter anderem der Tagesverlauf der Temperatur an einem bestimmten Ort erfasst werden.

Die gebräuchlichste Einheit zur Temperaturerfassung ist Grad Celsius (°C). Die Celsius-Skala ist definiert durch den Gefrierpunkt bei 0°C und den Siedepunkt bei 100°C von Wasser bei Normaldruck (1013,2 hPa). Die Kelvinskala (K) benutzt die gleichen Gradabstände, beginnt jedoch beim absoluten Nullpunkt der Temperatur bei 0 K (– 273,15°C). In angelsächsischen Ländern ist häufig die Fahrenheit-Skala in Gebrauch, die den Abstand zwischen Gefrierpunkt und Siedepunkt in 180 Grade (°F) unterteilt.

M 5: Quellentext zur Temperaturmessung
Walch, D. u. Frater, H.: Wetter und Klima (2004)

Das bekannteste und klassische Temperaturmessinstrument ist das Flüssigkeitsthermometer. Es wurde vermutlich bereits um 1611 von Galileo Galilei erfunden und beruht auf der Ausdehnung einer Messflüssigkeit bei steigender Temperatur. Die Thermometerflüssigkeit – Alkohol, Toluol oder Quecksilber – steigt bei Erwärmung von einem Vorratsbehälter in einer engen Kapillare auf. Mithilfe einer Gradskala kann am Flüssigkeitsstand im Messröhrchen direkt die Temperatur in °C abgelesen werden. Flüssigkeitsthermometer messen bei Eichung bis zu 0,1°C genau. Eine weitere Art, die Temperatur zu messen, stellt das Bimetallthermometer dar. Es beruht auf der unterschiedlich starken Ausdehnung beziehungsweise Kontraktion verschiedener Metalle bei Temperaturveränderungen. Ein aus zwei verschiedenen Metallen bestehender Messfühler verformt sich bei einem solchen Thermometer entsprechend der herrschenden Temperatur, und diese Bewegung wird mechanisch oder digital auf eine Anzeige oder einen Schreiber übertragen.

1 Skizzieren Sie die Wechselwirkung von Klimaelementen und Klimafaktoren. Wählen Sie drei Klimaelemente aus und beschreiben Sie aufgrund Ihres Vorwissens, welche Klimafaktoren in welcher Weise auf die Klimaelemente einwirken.

2 Analysieren Sie den Tagesgang der Temperatur mithilfe von M 4. Überlegen Sie, welche Ursachen für die Verzögerung des Temperaturmaximums verantwortlich sein könnten.

Die Klimatologie ist eine relativ junge Disziplin, die sich exakter naturwissenschaftlicher Methoden und Verfahren bedient. Sie stellt ein eigenständiges Fachgebiet dar, das vor allem auf den Grundlagen der Physik, Chemie, Ökologie und Mathematik aufbaut.

Die Klimatologie bildet ein Teilgebiet sowohl der Meteorologie als auch der Geographie – mit unterschiedlichen Schwerpunkten: Während in der Meteorologie Physik und Chemie der Atmosphäre im Mittelpunkt der Betrachtung stehen, widmet sich die Klimakunde als Teildisziplin der Geographie dem Zusammenhang zwischen klimatischen Vorgängen in der Atmosphäre und den Gegebenheiten auf der Erde. Das Klimasystem umfasst eine Vielzahl von Einflussgrößen. Die Wissenschaft stellt das vor besondere methodische Herausforderungen. Das liegt zum einen an den teils sehr unterschiedlichen zeitlichen Dimensionen der einzelne Teilkomponenten: Rasche Änderungen in einer Steuergröße des Systems können Änderungen in anderen Bereichen hervorrufen, die deutlich größere oder kleinere Zeiträume beanspruchen.

Eine weitere Schwierigkeit besteht darin, dass die einzelnen Klimaelemente erst seit relativ kurzer Zeit durch exakte Messungen erfasst werden können. Die so genannte **Instrumentenperiode** der Klimaforschung reicht gerade einmal 200 Jahre – in Ausnahmefällen 300 Jahre – zurück. Um das Klima der letzten Jahrtausende oder Jahrmillionen zu rekonstruieren, ist die Wissenschaft folglich auf andere Quellen angewiesen. Man bezeichnet solche Informationen als indirekte Klimaanzeiger oder **Proxydaten** (Proxies). Dazu zählen fossile Pollen, durch deren Analyse sich Vegetationszusammensetzung und Klimabedingungen früherer Zeiten ableiten lassen, ebenso wie terrestrische und limnische Sedimente. Auch historische Aufzeichnungen etwa zu Ernteerträgen dienen zur Rekonstruktion des Klimas. Ein besonders ergiebiges und weit zurückreichendes Instrument zur Analyse der Klimahistorie bilden Eisbohrkerne, die hauptsächlich aus den großen Landeisschilden der Erde gewonnen werden. Die Schneeschichten, die sich seit Jahrmillionen im Eis Grönlands oder der Antarktis übereinander lagern, liefern Informationen über das Klima vergangener Zeiten: Der Staubgehalt und die Bestandteile der im Eis eingeschlossenen Luft enthalten Hinweise über die Zusammensetzung der Atmosphäre früherer Zeiten. Die Temperatur, die zum Zeitpunkt des Schneefalls herrschte, lässt sich näherungsweise aus dem Verhältnis zweier im Eis enthaltener Sauerstoffisotope bestimmen. Die Klimaforschung versucht aber nicht nur, das Klima der Vergangenheit zu rekonstruieren, sondern hat auch zum Ziel, aus

M 1: Entnahme eines Eisbohrkerns

Isotope
Varianten eines chemischen Elementes, die sich durch die Zahl ihrer Neutronen unterscheiden

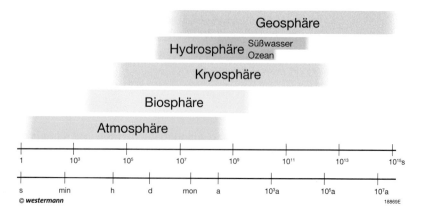

M 2: Zeitskalen im Klimasystem

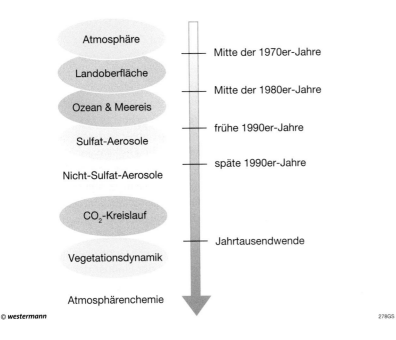

Atmosphäre	— Mitte der 1970er-Jahre
Landoberfläche	— Mitte der 1980er-Jahre
Ozean & Meereis	— frühe 1990er-Jahre
Sulfat-Aerosole	— späte 1990er-Jahre
Nicht-Sulfat-Aerosole	
CO_2-Kreislauf	— Jahrtausendwende
Vegetationsdynamik	
Atmosphärenchemie	

© westermann

278GS

Sulfat-Aerosole
Luftschwebstoffe, die zum großen Teil infolge industrieller Luftverunreinigung (Schwefeldioxid), aber auch als Folge von Vulkanausbrüchen gebildet werden. Sulfat-Aerosole reflektieren solare Strahlung und haben damit einen abkühlenden Effekt auf das Klima.

M3: Modellkopplung in der Klimaforschung

Messungen und Proxydaten Rückschlüsse auf die zukünftige Klimaentwicklung zu ziehen. Dabei bedient man sich aufwendiger mathematischer Modelle, die auf den Erkenntnissen über die Teilsysteme des irdischen Klimasystems und ihre komplexen Wechselwirkungen basieren. Zunächst versucht man mithilfe dieser Modelle, die aktuelle Klimasituation auf der Grundlage von Daten aus der Vergangenheit zu simulieren. Stimmen die Ergebnisse, die ein Modell produziert, mit den tatsächlichen Beobachtungen überein, kann man davon ausgehen, dass die Modellierung die atmosphärischen Prozesse mit einiger Korrektheit abbildet. Damit liefern die Modelle eine verlässliche Grundlage, um auch künftige Entwicklungen auf Basis der beobachteten Veränderungen der letzten Jahrzehnte, Jahrhunderte und Jahrtausende so realistisch wie möglich zu simulieren.

»

Die Komplexität von Klimamodellen hängt stark von der zur Verfügung stehenden Computerleistung ab. Die ersten dreidimensionalen Modelle konnten in den 1970er-Jahren entwickelt werden. Sie waren allerdings noch reine Atmosphärenmodelle, in denen beispielsweise die Wärmespeicherung der Ozeane noch nicht erfasst wurde. Seit Mitte der 1980er-Jahre wurden komplexe Ozeanmodelle und weitere Modelle entwickelt, die nach und nach mit den (verbesserten) Klimamodellen gekoppelt wurden. […] Kopplung bedeutet, dass die Outputgrößen des einen Modells die Input-Größen des anderen Modells darstellen und umgekehrt.

«

M4: Quellentext zur Modellkopplung
Glawion, R.; Gläser, E. u. Sauer, H.: Physische Geographie (2009)

....

1 **Analysieren Sie die Zeitskalen im Klimasystem: Nennen Sie mögliche Veränderungsprozesse innerhalb des jeweiligen Teilsystems. Überlegen Sie, welche Zeitdauer die von Ihnen genannten Prozesse beanspruchen.**

2 **Geben Sie mit eigenen Worten den Fortschritt der Modellentwicklung in der Klimawissenschaft wieder.**

Klima und Klimaforschung

Wetter, Witterung, Klima

Mit dem Begriff Wetter werden kurzfristige und lokale atmosphärische Prozesse beschrieben wie ein Gewitter oder ein kalter Wintertag. Um Wettererscheinungen in einem definierten Gebiet für einen mittleren Zeitabschnitt – mehrere Tage bis Wochen – zu beschreiben, benutzt man den Begriff Witterung. Von Klima ist die Rede, wenn langfristigere atmosphärische Prozesse betrachtet werden. In der Klimatologie beschreibt dieser Begriff die Gesamtheit der meteorologischen Erscheinungen, die für die Dauer von 30 Jahren den durchschnittlichen Zustand der Atmosphäre an einem bestimmten Ort charakterisieren. Die 30-Jahres-Spanne für Klimabeobachtungen wurde von der Weltorganisation für Meteorologie definiert und wird als Normalperiode bezeichnet.

Das Klimasystem der Erde

Bei der Erforschung von Klimaprozessen hat sich eine integrative Betrachtungsweise durchgesetzt. Meteorologische Erscheinungen werden im Zusammenhang mit weiteren Sphären der Erde betrachtet. Die Atmosphäre, die Gashülle unseres Planeten, steht dabei in ständiger Wechselwirkung mit anderen Subsystemen: Die Wasserhülle der Erde (Hydrosphäre) speichert und transportiert Wärme. Die Eis- und Schneeflächen (Kryosphäre) spielen einen wichtige Rolle im Wasserhaushalt. Der Gesteinsuntergrund (Lithosphäre) beeinflusst den Energiehaushalt der Atmosphäre. Der Boden (Pedosphäre) ist ebenfalls wichtig für den Wasserhaushalt. Die Biosphäre hat in Gestalt der Vegetationsdecke Einfluss auf Verdunstung und Strahlungshaushalt.

Klimafaktoren und -elemente

Um Wetter und Klima zu beschreiben, benötigt man messbare Größen wie Lufttemperatur, Windgeschwindigkeit oder relative Luftfeuchte. Die Messung dieser Klimaelemente liefert unter anderem die Grundlage für Klimaklassifikationen. Die Klimaforschung versucht auch zu erklären, wie Faktoren wie die geographische Breite oder die Land-Meer-Verteilung die Klimaelemente beeinflussen. Man bezeichnet diese Einflussgrößen als Klimafaktoren. Die Ausprägung der Klimafaktoren und der Klimaelemente kann räumlich und zeitlich stark variieren. Die räumlichen und zeitlichen Schwankungen und der Einfluss der Klimafaktoren auf die Klimaelemente werden im Klimasystem der Erde beschrieben.

Klimaforschung als Wissenschaft

Die zahlreichen Einflussgrößen des Klimasystems stellen die Wissenschaft vor besondere methodische Herausforderungen. Das liegt zum einen an den teilweise sehr unterschiedlichen zeitlichen Dimensionen einzelner Teilkomponenten des Klimasystems: Rasche Änderungen in einer Steuergröße können Änderungen in anderen Bereichen hervorrufen, die sich deutlich langsamer vollziehen oder mit großer Verzögerung eintreten. Eine weitere Schwierigkeit besteht darin, das die einzelnen Klimaelemente erst seit relativ kurzer Zeit exakt gemessen werden können. Bei der Betrachtung länger zurückliegender Zeiträume ist die Klimatologie deshalb auf andere Quellen wie historische Aufzeichnungen, fossile Pollen oder Sedimente angewiesen.

Aufgaben

1 Beschreiben Sie das Klimasystem der Erde und diskutieren Sie, welche Vorteile eine integrative Sichtweise bei der Erforschung von klimatischen Prozessen hat.
2 Geben Sie wieder, worin die wichtigsten methodischen Herausforderungen in der klimatologischen Forschung bestehen.
3 Erläutern Sie, welche Lösungen die Wissenschaft gefunden hat, um die methodischen Schwierigkeiten der Klimaforschung zu lösen, und bewerten Sie Vor- und Nachteile der einzelnen Ansätze.

Grundbegriffe

Normalperiode
Klimasystem
Hydrosphäre
Kryosphäre
Lithosphäre
Biosphäre
Klimaelemente
Klimafaktoren
Proxydaten
Klimamodelle

Die Sonne – Motor des Klimas

2

Um atmosphärische Prozesse in Gang zu setzen, ist Energie erforderlich. Diese Energie wird im Innern der Sonne erzeugt und gelangt in Form von solarer Strahlung zur Erde. Infolge der Kugelform der Erde verteilt sich die Strahlung sehr ungleich über die Erdoberfläche. So entstehen die unterschiedlichen Klimazonen. Die Schrägstellung der Erdachse und der Umlauf der Erde um die Sonne sorgen dafür, dass die Energiezufuhr durch die Sonne auch zeitlichen Schwankungen unterliegt. Auf diese Weise entstehen die Jahreszeiten.

Die Sonne ist das Kraftwerk des Klimas. In ihrem Innern herrschen extreme Temperaturen und Drücke, die dafür sorgen, dass fortlaufend Energie produziert wird. Die Quelle der Energie bildet eine Kernfusionsreaktion, bei der Wasserstoffatome zu Helium verschmelzen und dabei Strahlung freisetzen.

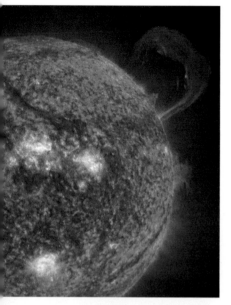

M 1: Aufnahme einer Sonneneruption (Protuberanz). Bei solchen Prozessen wird Materie mit einer Geschwindigkeit von bis zu 1000 km/h ins All geschleudert.

Die stetige Zufuhr von Energie ist eine der Grundvoraussetzungen dafür, dass auf der Erde überhaupt atmosphärische Prozesse in Gang gesetzt werden. Erzeugt wird diese Energie im Innern der Sonne. Anders als unsere Erde besitzt der Sonnenkörper keine feste oder flüssige Masse, sondern besteht aus einem komprimierten Gasgemisch, das sich aus folgenden Bestandteilen zusammensetzt: 90 Prozent Wasserstoff, neun Prozent Helium und ein Prozent Spurenstoffe. Im Zentrum des Gasballs herrschen unvorstellbar hohe Temperaturen (ca. 15 Mio. K). Der Druck ist dort etwa 340 Mio. mal höher als der irdische Luftdruck auf Meereshöhe.

Die extremen Drücke und Temperaturen im Sonneninnern sorgen dafür, dass es zu einer Reaktion kommt, die nur unter diesen Bedingungen stattfinden kann: der so genannten **Kernfusion**. Vier „leichte" Wasserstoffatome verschmelzen dabei zu einem „schweren" Heliumatom. Bei diesem Vorgang passiert etwas Ungewöhnliches: Aus den vier Wasserstoffatomen mit einer Masse von je 1,008 A_R (relative Atommasse) entsteht ein Heliumatom, das lediglich eine Masse von 4,003 A_R besitzt. Ein geringer Teil der ursprünglichen Masse ist also verloren gegangen. Man spricht von einem **Massendefizit**. Die Masse ist jedoch nicht einfach verschwunden, sondern wurde umgewandelt – in reine Energie.

Die Größe des Defizits erscheint auf den ersten Blick gering. Um die Leistungskraft des Fusionsreaktors Sonne zu ermessen, muss man sich jedoch klarmachen, dass pro Sekunde rund 700 Mio. Tonnen Wasserstoff in Helium verwandelt werden. Die dabei freigesetzte Energiemenge im Verhältnis zum auftretenden Massendefizit ist enorm groß. Beschrieben wird dieses Verhältnis durch die Einstein'sche **Relativitätstheorie**, mit der Lichtgeschwindigkeit als Umrechnungsfaktor:

$$E = m \cdot c^2$$

E = Energie (J = kg · m²/s²)
m = Masse (kg)
c = Lichtgeschwindigkeit (2,998 · 108 m/s)

Konvektion
Aufstieg von Gasen oder Flüssigkeiten aufgrund von Temperaturunterschieden in einem Medium

Die bei der Kernfusion gewonnene Energie wird als atomare Strahlung, so genannte **Gammastrahlung**, freigesetzt. Durch Konvektion gelangt sie vom Sonneninnern an die Sonnenoberfläche und wird von dort als solare Strahlung in den Weltraum abgegeben. Weil bei der Umwandlung von Wasserstoff in Helium fortwährend Masse verloren geht, wird die Sonne infolge der Kernfusionsreaktion im Laufe der Zeit immer leichter.

1 Ermitteln Sie die Größe des Massendefizits, das sich bei einer einzelnen Kernfusion von Wasserstoff zu Helium ergibt, in Prozent.
2 Berechnen Sie mithilfe des solaren Massendefizits pro Sekunde und der Relativitätstheorie die Leistung des Fusionsreaktors Sonne in Watt (W = J/s).

2.1.1 Die solare Strahlung

Auf dem Weg zur Erde wird die solare Strahlung stark abgeschwächt. Den Außenrand der Erdatmosphäre erreicht deshalb nur ein geringer Teil der Strahlungsleistung.

Wie jede Strahlenquelle sendet auch die Sonne ein Gemisch von Strahlen unterschiedlicher Wellenlänge aus. Die gesamte Bandbreite dieser elektromagnetischen Strahlung wird als **solares Spektrum** bezeichnet. Nur ein Teil davon ist sichtbar (400–760 nm) und wird von uns als Licht unterschiedlicher Farbe wahrgenommen. In der Klimatologie wird das solare Spektrum üblicherweise in drei Bereiche eingeteilt: die kurzwellige ultraviolette Strahlung (UV-Strahlung) mit einem Anteil von etwa acht Prozent, die sichtbare Strahlung (Licht) mit einem Anteil von 45 Prozent und die langwellige Infrarot-Strahlung (Wärmestrahlung) mit einem Anteil von 47 Prozent an eingestrahlter Sonnenenergie.

*Physikalisch besteht **elektromagnetische Strahlung** aus einem elektrischen und einem magnetischen Feld, die miteinander gekoppelt sind. Wird dieses elektromagnetische Feld in Schwingungen versetzt – die Feldstärke schwillt dabei in einem bestimmten Rhythmus an und ab – und breitet sich die Schwingung räumlich aus, spricht man von einer elektromagnetischen Welle. **Elektromagnetische Wellen** werden durch zwei Größen beschrieben: die Frequenz (f) – das ist die Häufigkeit, mit der die Feldstärke innerhalb einer bestimmten Zeiteinheit an- und abschwillt, – und die Wellenlänge (λ), den räumlichen Abstand zwischen zwei Wellenbergen, also den jeweils maximalen Ausschlägen der Schwingung.*
Die Frequenz wird in Hertz (h = Schwingung pro Sekunde), die Wellenlänge in Metern (m) angegeben. Anders als Schallwellen benötigten elektromagnetische Wellen kein Medium, um sich auszubreiten. Im Vakuum geschieht das mit Lichtgeschwindigkeit (c). Zwischen c, f und λ gilt folgende Beziehung:

$$c = f \cdot \lambda$$

M 2: Durch den Prismeneffekt eines Regenbogens werden die verschiedenen Farben erkennbar, aus denen sich der der sichtbare Teil des solaren Spektrums zusammensetzt.

Die Sonne gibt den größten Teil ihrer Energie in Form von elektromagnetischer Strahlung ab. Allerdings verteilt sich die Energie nicht gleichmäßig über das solare Spektrum. Das Maximum der Strahlungsintensität befindet sich im sicht-

18872E

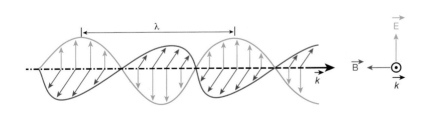

rot:	Elektrisches Feld
blau:	magnetisches Feld
λ:	Wellenlänge
k:	Wellenvektor (Ausbreitungsrichtung)

© **westermann**

M 3: Elektromagnetische Welle, die sich im Vakuum nach rechts ausbreitet

Strahlungsbereich	Wellenlängenintervall	Bemerkungen	
Ultraviolette Strahlung	100 – 400 nm[a)]	Durchdrin-gung der Atmosphäre:	teilweise
UV-C	100 – 280 nm		nein
UV-B	280 – 315 nm		teilweise, Erythemstrahlung
UV-A	315 – 400 nm		ja
Sichtbarer Bereich VIS	400 – 760 nm		
Violett	400 – 440 nm		
Ultramarinblau	440 – 483 nm		
Eisblau	483 – 492 nm		
Seegrün	492 – 542 nm	Maximale Energie	
Laubgrün	542 – 571 nm		
Gelb	571 – 586 nm		
Orange	586 – 610 nm		
Rot	610 – 760 nm		
Infraroter Bereich	0,76 – 1000 µm[b)]		
Nahes Infrarot	0,76 – 1,4 µm	Infrarot A	
Thermisches	1,4 – 3,0 µm	Infrarot B	
Infrarot	3,0 – 1000 µm	Infrarot C	
Fernes Infrarot			

M1: Spektrum der elektro-magnetischen Wellenenergie

a) Nanometer 1 nm = $1 \cdot 10^{-9}$ m
b) Mikrometer 1 µm = $1 \cdot 10^{-6}$ m

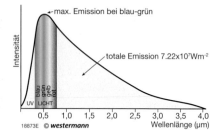

M2: Wellenlänge und Intensität der Strahlenemission

baren Bereich bei 490 nm. Nimmt die Wellenlänge zu, verringert sich langsam die Intensität der Strahlung. Auf der anderen Seite des Spektrums, im kurzwelligen UV-Bereich, passiert – ausgehend vom Intensitätsmaximum – das Gleiche: je kleiner die Wellenlänge, desto geringer die Strahlungsintensität. Diesen Zusammenhang beschreibt das so genannte **Wien'sche Verschiebungsgesetz**.

Die Strahlungsleistung (Energieabgabe pro Zeit), **Strahlungsstrom** (Φ_{sol}) genannt, ist an der Sonnenoberfläche noch relativ groß. Sie beträgt dort $3,8 \cdot 10^{26}$ W. Auf dem Weg zur Erde schwächt sich der Strahlungsstrom jedoch sehr schnell ab. Die Abnahme der Strahlungsleistung erfolgt im Verhältnis zum Quadrat der Entfernung. Das heißt: Nach 10 km hat sich der ursprüngliche Strahlungsstrom auf $3,8 \cdot 10^{24}$ W verringert, nach 100 km bereits auf $3,8 \cdot 10^{22}$ W und so fort. Bei einem mittleren Abstand von 149 Mio. km zwischen Sonne und Erde erreicht also nur noch ein Bruchteil des Strahlungsstroms die Außenhülle der Erdatmosphäre. Ausschlaggebend für die Energiezufuhr an die Erdatmosphäre ist jedoch nicht die absolute Höhe der ankommenden Strahlungsleistung, sondern die Energie, die pro Zeiteinheit senkrecht auf einen bestimmten Teil der Atmosphärenoberfläche trifft, also die Leistung pro Fläche. Dieser Wert wird als Solarkonstante bezeichnet. Sie beträgt 1367 W/m².

Solarkonstante
Bestrahlungsstärke der Sonne an der Atmosphärenobergrenze in Leistung pro Fläche. Als theoretische Projektionsfläche dient eine Kreisfläche mit dem Radius der Erde.

M3: Das Spektrum der elektromagnetischen Strahlung

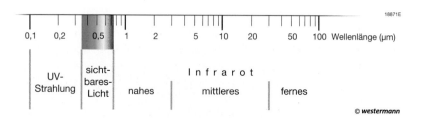

....

1 Erläutern Sie mithilfe der Daten in Tabelle M1 und Diagramm M2, S. 16, welchen Zusammenhang das Wien'sche Verschiebungsgesetz beschreibt.

2 Berechnen Sie den Anteil des Strahlenstroms in Watt (W), der die Erdatmosphäre erreicht.

2.1.2 Das solare Klima

Die Kugelform der Erde und ihre jeweilige Stellung zur Sonne sorgen dafür, dass die Beleuchtungssituation auf der Erde zeitlich und räumlich variiert. So entstehen die Jahreszeiten und die unterschiedlichen Klimazonen.

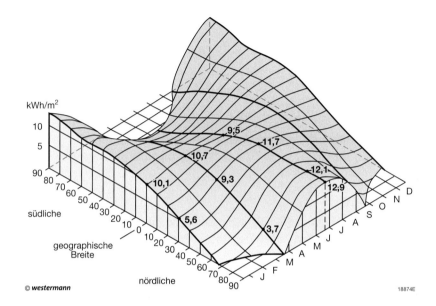

M 4: Jahresverlauf der Tagessummen der solaren Einstrahlung (ohne Atmosphäreneinfluss) in verschiedenen geographischen Breiten in kWh/m²

Bei der bisherigen Darstellung sind wir davon ausgegangen, dass die Sonnenstrahlen senkrecht auf eine ebene Fläche fallen. Die Definition der Solarkonstanten beruht auf genau dieser Annahme. Für die theoretische Betrachtung ist ein solches Modell sinnvoll. Würde die Sonnenenergie jedoch überall auf der Erde senkrecht einfallen, gäbe es weder Jahreszeiten noch regionale Temperaturunterschiede. Die Beleuchtungssituation und damit auch die Energiezufuhr wären zu jedem Zeitpunkt an jedem Ort der Erde identisch.

Die Realität sieht bekanntlich anders aus. Die solare Einstrahlung ist auf der Erde sehr ungleich verteilt. Am Äquator fallen die Tagessummen fast nie unter 800 kWh pro Quadratmeter, in den Polarregionen liegen sie im Winter, wenn die Sonne überhaupt nicht aufgeht, bei Null. In der Klimatologie werden diese Phänomene unter dem Stichwort **solares Klima** oder **Beleuchtungsklima** zusammengefasst.

Dass es überhaupt zu Unterschieden in der Einstrahlung kommt, hat mit der Kugelform der Erde zu tun. Zum Verständnis dieses Zusammenhangs gehen wir zunächst davon aus, dass die Sonne genau senkrecht über dem Äquator steht. Das heißt: Der Einstrahlungswinkel oder die **Sonnenhöhe** (Azimut) beträgt in diesem Fall genau 90°. Je weiter man nach Norden oder nach Süden kommt, desto flacher wird der Einstrahlwinkel. An den Wendekreisen beträgt er noch 66,5°, am 50. Breitengrad nur noch 40°. Das liegt daran, dass sich die Oberfläche der Erde in ihrer Stellung zur Sonne zu den Polen hin immer weiter abflacht.

Um zu verstehen, warum die Temperatur vom Äquator zu den Polen hin immer stärker abnimmt, muss man sich klar machen, dass der Strahlungsstrom der Sonne – also die Energiezufuhr – zwar mehr oder weniger stabil ist. Maximal ist die Energieausbeute jedoch nur dann, wenn die Strahlung senkrecht auf eine Ebene fällt. Wird die Ebene gekippt, verteilt sich die Strahlung auf eine größere

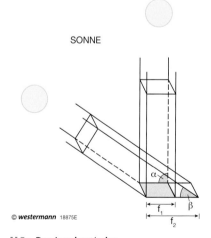

SONNE

M 5: Das Lambert'sche Gesetz

Fläche. Da die zugeführte Energiemenge identisch bleibt, wird die Energieausbeute pro Fläche automatisch geringer. Je stärker die Ebene gekippt wird, also je flacher der Einstrahlungswinkel, desto schwächer wird die Energieausbeute. Genau das passiert infolge der Krümmung der Erdoberfläche. Je weiter man vom Äquator aus nach Norden oder nach Süden gelangt, desto geringer wird die Energiezufuhr pro Quadratmeter. Das heißt: Je höher der Breitengrad, desto weniger Energie steht zur Verfügung, um die Luft über einem Quadratmeter Bodenfläche zu erwärmen. Mathematisch wird dieser Zusammenhang durch das **Lambert'sche Gesetz** beschrieben:

$$I = \sin \beta \cdot I_0$$

$\beta =$ *Sonnenhöhe oder Einstrahlungswinkel*
$I =$ *solare Bestrahlungsstärke bei Sonnenhöhe β in W/m²*
$I_0 =$ *solare Bestrahlungsstärke bei senkrechtem Einstrahlungswinkel (Sonnenhöhe = 90°)*

Sonnenhöhe
Einfallswinkel der Sonnenstrahlung. Die Sonnenhöhe ist maximal bei einem Einfallswinkel von 90°. Die Sonne steht dann senkrecht (im Zenit) über dem betreffenden Punkt auf der Erde.

Die Unterschiede in der Beleuchtungssituation führen zur Ausbildung der strahlungsklimatischen Zonen der Tropen, Mittelbreiten und Polargebiete. Gleichzeitig unterliegt die Einstrahlung mehr oder weniger starken zeitlichen Schwankungen, deren typischer Verlauf sich je nach geographischer Breite unterscheidet. In den Mittelbreiten führt das zur Ausbildung der Jahreszeiten Frühling, Sommer, Herbst und Winter.

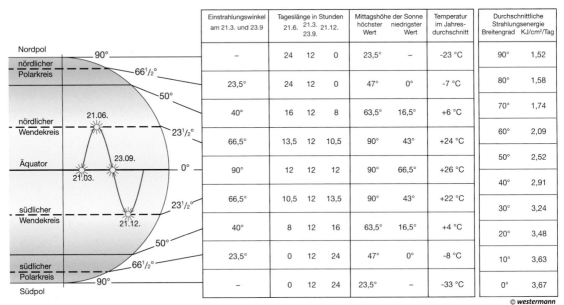

M 1: **Strahlung und Temperatur im Zusammenhang zu geographischer Breite**

© *westermann*

1 Analysieren Sie mithilfe von M 1, S. 18, wie sich der Jahresverlauf der solaren Einstrahlung über den Globus verteilt und beschreiben Sie die Einstrahlungsunterschiede für verschiedene Breitengrade.
2 Berechnen Sie die Bestrahlungsstärke bei einer Sonnenhöhe von 10°, 30° und 60° (Bestrahlungsstärke bei 90° = 1000 W/m²).

2.1.3 Der Einfluss der Erdbewegung

Der Umlauf der Erde um die Sonne und die Schrägstellung der Erdachse lassen die Jahreszeiten entstehen. Tag und Nacht existieren, weil die Erde sich um sich selbst dreht. Langfristig verändern sich auch die Erdumlaufbahn und der Winkel und die Richtung der Erdachsenneigung.

M2: Dornenakazie in Marokko zur Mittagszeit: Am Verlauf des Schattens ist zu erkennen, dass die Sonne anähernd im Zenit steht.

Noch im Mittelalter nahm man an, dass sich die Sonne, der Mond und alle Planeten um die Erde drehen – eine Vorstellung, die auf den antiken Astronomen Claudius Ptolemäus (ca. 140 n. Chr.) zurückgeht. Jedoch konnte das so genannte **geozentrische Weltbild** den Verlauf der Planetenbahnen nur unzureichend erklären. Gelöst wurde dieses Problem erst, als im 16. Jahrhundert **Nikolaus Kopernikus** (1473 – 1543) die Erde aus dem Zentrum des Sonnensystems verbannte. Der Domherr aus dem polnischen Frombork stellte die Theorie auf, dass sich die Planeten einschließlich der Erde um die Sonne drehen, und führte damit das **heliozentrische** Weltbild ein. Inzwischen weiß man, dass die Erde auf ihrem jährlichen Weg (365 Tage und ca. 6 Stunden) um die Sonne 940 Mio. km zurücklegt. Dieser Vorgang wird als **Erdrevolution** bezeichnet. Anders als Kopernikus annahm, folgt die Erdbahn dabei jedoch nicht genau der Form eines Kreises, sondern ist, wie der Astronom **Johannes Keppler** (1571 – 1630) herausfand, schwach ellipsenförmig.

Der Abstand zwischen Erde und Sonne während einer Erdrevolution ist nicht immer gleich, sondern besitzt ein jährliches Maximum und ein Minimum. Um den zweiten Januar kommt die Erde der Sonne mit 147,1 Mio. km am nächsten. Sie steht dann im **Perihel**. Etwa am vierten Juli erreicht sie den sonnenfernsten Punkt, das **Aphel**. Der Abstand zwischen den beiden Gestirnen beträgt dann 152,1 Mio. km. Die Differenz zwischen Perihel und Aphel ist, in kosmischen Dimensionen betrachtet, so gering, dass sie kaum Einfluss auf die Jahreszeiten hat. Hätte die Erdbahn jedoch eine nur etwas stärker ausgeprägte Ellipsenform, würde das Klima auf der Erde ganz anders aussehen.

M3: Nikolaus Kopernikus führte das heliozentrische Weltbild ein.

Die Bahn, auf der die Erde um die Sonne läuft, ist nicht immer gleich, sondern ihre Form schwankt zwischen einer mehr oder weniger stark ausgeprägten Ellipse und einer annähernden Kreisform. Der Grad, in dem die tatsächliche Form der Umlaufbahn von einer perfekten Kreisform abweicht, wird als Exzentrizität bezeichnet. Bei maximaler Exzentrizität ist die Ellipsenform der Erdumlaufbahn stark gestreckt. Die Erde wäre dann zum Zeitpunkt des Aphel weiter von der Sonne entfernt als heute. Während des Perihels wäre die Distanz geringer als zum jetzigen Zeitpunkt. Die Schwankung der Exzentrizität verläuft in regelmäßigen zeitlichen Abständen. Ein Zyklus, in dessen Verlauf sich die Umlaufbahn von maximaler zu minimaler Ellipsenform und wieder zurück verformt, dauert etwa 95 000 Jahre. Weil sich die Differenz zwischen Aphel und Perihel innerhalb eines solchen Zyklus ständig ändert, verändert sich auch die Verteilung des Energieflusses der Sonnenstrahlung auf die Jahreszeiten. Zurzeit erhält die Sonne im Januar, wenn die Erde der Sonne am nächsten kommt, etwa sieben Prozent mehr Energie als im Juli. Nimmt die Exzentrizität zu, kann dieser Unterschied rund 20 Prozent betragen. ●

Exzentrizität
Beschreibt das Maß, in dem die Umlaufbahn der Erde um die Sonne von einer perfekten Kreisform abweicht. Die Exzentrizität der Erdumlaufbahn verschiebt sich ca. alle 95 000 Jahre von einer minimalen zu einer maximalen Ellipsenform und wieder zurück.

Wie bereits im vorherigen Kapitel beschrieben, werden die räumlichen Schwankungen der Beleuchtungssituation auf der Erde durch die Kugelform der Erde verursacht. Das erklärt aber noch nicht die zeitlichen Schwankungen des Lichteinfalls im Laufe eines Jahres. Um dieses Phänomen zu verstehen, benötigt man neben der Erdrevolution noch eine weitere Eigenschaft: Denkt man sich eine Achse, die durch beide Pole hindurchgeht, dann steht diese Achse nicht senkrecht auf der Ebene der Erdbahn um die Sonne, sondern ihre Winkelstellung weicht um 23,5° von einem 90°-Winkel ab. Die Erdbahn-Ebene bezeichnet man als Ekliptik, die Neigung der Erdachse als **Schiefe der Ekliptik**.

Ekliptik
Gedachte Ebene im Raum, auf der die Umlaufbahn der Erde um die Sonne verläuft. Die Schiefe der Ekliptik bezeichnet die Schrägstellung der Erdachse im Vergleich zu dieser Ebene.

Die Schiefe der Ekliptik führt dazu, dass sich der Ort des maximalen Einstrahlungswinkels der Sonne (Sonnenhöhe) während des Erd-Umlaufs ständig ändert. Für die ungefähre Dauer eines halben Jahres – zwischen dem astronomischen Frühlingsanang und vor dem Herbstanfang – verzeichnet die Nordhalbkugel größere Sonnenhöhen. Während dieser Zeit sind auf der Nordhalbkugel die Tage länger als auf der Südhalbkugel. Zwischen dem 23.9. und dem 20.3 ist es genau umgekehrt. Dann sind die Einstrahlungswinkel auf der Südhalbkugel

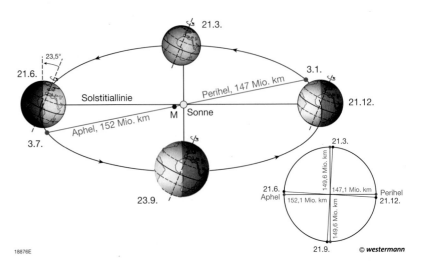

M 1: Umlauf der Erde um die Sonne auf einer elliptischen Bahn in perspektivischer Darstellung

18876E

© *westermann*

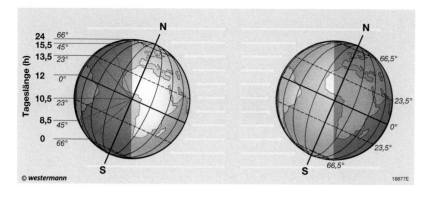

M2: Beleuchtungssituation der Erde zur Sommer- und Wintersonnenwende

steiler und die Tage dauern dort länger. Dass es überhaupt Tag und Nacht gibt, liegt daran, dass sich die Erde ständig in West-Ost-Richtung um die eigene Achse dreht. Eine Umdrehung dauert annähernd 24 Stunden (23 h, 56 min, 4,1 s). Infolge dieser **Erdrotation** ist immer ein Teil der Erde der Sonne zugewandt, während der andere im Dunkeln liegt. Würde die Erdachse senkrecht auf der Ekliptik stehen, stünde die Sonne stets über dem Äquator genau senkrecht oder im so genannten **Zenit** (Sonnenhöhe = 90°). Tag und Nacht wären dann immer gleich lang. Bedingt durch die Schiefe der Ekliptik ist das jedoch nur zweimal im Jahr der Fall, nämlich genau am 23.9. und am 20.3. Diese Daten werden als Äquinoktien (Tag- und Nachtgleiche) bezeichnet.

Die Erdachse steht keineswegs still. Während der Rotation schwingt sie vergleichbar einem taumelnden Kreisel in einer ausholenden Kreisbewegung von ihrer Ausgangsposition in die gegenüberliegende Position und wieder zurück. Eine Solche Periode dauert etwa 21 000 Jahre. Der Vorgang wird als **Präzession** *bezeichnet. Die Präzession beeinflusst langfristig den Verlauf der Jahreszeiten. Sie wird überlagert durch eine weitere, deutlich kleinere Bewegung: Der Neigungswinkel der Erdachse von derzeit 23,5° pendelt in einer Art Nickbewegung ständig zwischen den Extremwerten 21,4° und 24,6° hin und her.*

Dieses Vor- und Zurückpendeln der Erdachse, Nutation *genannt, vollzieht sich einmal innerhalb von 41 000 Jahren. Wie die Präzession hat auch die Nutation Einfluss auf das Klima: Je kleiner der Neigungswinkel, desto geringer werden die Einstrahlungsunterschiede und damit auch die witterungsklimatischen Schwankungen zwischen Sommer und Winter.* ●

Äquinoktien
Tag-Nacht-Gleiche. Bezeichnet die beiden Daten im Jahr (Frühlingsanfang und Herbstanfang), an denen die Dauer von Tag und Nacht jeweils genau zwölf Stunden beträgt.

Nutation
Geringfügige periodische Schwankung in der Richtung der Erdachsenneigung. Die Nutation ist der Präzession, der Kreiselbewegung der Erdachse, überlagert.

Mithilfe der Äquinoktien lässt sich gut die geographische Wanderung des Zenitstands der Sonne im Jahresverlauf beschreiben (siehe M 2, S. 22): Nachdem er am 23.9 den Äquator erreicht hat, verlagert sich der Zenit immer weiter nach Süden, bis er um den 21. Dezember seinen südlichsten Punkt bei 23,5° südlicher Breite erreicht hat. Diese Grenze wird als **südlicher Wendekreis** bezeichnet. Danach „wandert" der Zenitstand der Sonne wieder nach Norden, bevor er am 20. März erneut den Äquator überquert und dann am 21. Juni seine maximale Entfernung vom Äquator bei 23,5° nördlicher Breite erreicht (**nördlicher Wendekreis**). Anschließend bewegt sich der Zenitstand der Sonne erneut auf den Äquator zu, den er dann etwa am 23. September erreicht. Danach beginnt der Ablauf wieder von vorne.

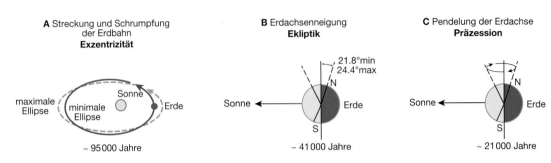

A Streckung und Schrumpfung
der Erdbahn
Exzentrizität

~ 95 000 Jahre

B Erdachsenneigung
Ekliptik

~ 41 000 Jahre

C Pendelung der Erdachse
Präzession

~ 21 000 Jahre

D Verschiebung von Perihel und Aphel

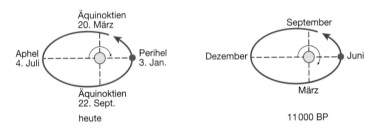

Äquinoktien
20. März

Aphel
4. Juli

Perihel
3. Jan.

Äquinoktien
22. Sept.

heute

September

Dezember

Juni

März

11 000 BP

© *westermann*

18879E

M 1: Zyklen der Veränderungen von Erdbahn und Erdachse, Perihel und Aphel

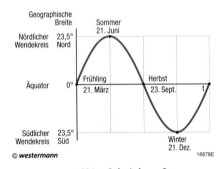

© *westermann*

18878E

M 2: Scheinbare Sonnenbahn zwischen den Wendekreisen im Jahresgang

Da sich in Wirklichkeit nicht die Sonne, sondern die Erde bewegt, handelt es sich bei den „Wanderungen" des Zenitstands der Sonne lediglich um Scheinbewegungen, die sich nur dem Beobachter auf der Erde als solche darstellen. Man bezeichnet die Zeitpunkte, an denen der Zenitstand seinen nördlichsten oder seinen südlichsten Punkt auf den Wendekreisen erreicht als Sonnenwenden oder **Solstitien**. In den Mittelbreiten dienen die Äquinoktien und Solstitien als kalendarische Orientierungspunkte, um das Jahr in die Jahreszeiten Frühling, Sommer, Herbst und Winter einzuteilen.

Wie bereits deutlich wurde, werden infolge der Erdkrümmung die Sonneneinstrahlungswinkel vom Äquator zu den Polen hin immer kleiner. Die Verlagerung des Zenits in Richtung Süden nach dem 23. September führt dazu, dass die Region nördlich des Nord-Polarkreises (bei 65,5° nördlicher Breite) zum Teil gar nicht mehr von den Strahlen der Sonne erreicht wird und der Nordpol ein halbes Jahr fast vollständig im Dunkeln liegt (Polarnacht). Südlich des Süd-Polarkreises geht die Sonne im gleichen Zeitraum überhaupt nicht unter (Polartag). Am Südpol selbst herrscht dann für eine Dauer von sechs Monaten Tag. Diese Phase dauert bis zum 20. März. Im folgenden Halbjahr ist es genau umgekehrt. Anhand der Wende- und Polarkreise kann die Erde in Beleuchtungsklimazonen eingeteilt werden. Die Region zwischen den Wendekreisen bezeichnet man als **Tropen**, die Zone zwischen Wende- und Polarkreisen als **Mittelbreiten**. Jenseits der Polarkreise liegen die **Polarzonen**.

1 Erklären Sie die Entstehung der Jahreszeiten aus solarklimatischer Perspektive mithilfe des Lambert'schen Gesetzes, der Sonnenhöhe und Tageslänge.

2 Erklären Sie den Verlauf der Tag-Nacht-Differenz zwischen Äquinoktien und Sonnenwende. Warum ist dieser Effekt umso stärker, je weiter man sich vom Äquator weg in Richtung Pol bewegt?

3 Weisen Sie folgende Begriffe einschließlich Datumsangaben den Positionen in M 1, S. 20, zu: Sommersonnenwende, Wintersonnenwende, Herbstäquinoktium, Frühlingsäquinoktium (jeweils bezogen auf die Nordhalbkugel).

4 Erläutern Sie den Einfluss der Präzession auf die Jahreszeiten.

Durch die Gashülle, die unsere Erde umgibt, wird die Einstrahlung der Sonne verändert. Die Mechanismen, die an diesem Prozess beteiligt sind, sorgen auch dafür, dass sich Luft und Erdoberfläche bei Sonneneinstrahlung erwärmen.

Wenn solare Strahlung in die Atmosphäre eindringt, wird sie durch die Gase und Massepartikel, die darin enthalten sind, beinflusst und ändert ihre Richtung und Intensität. Zur Erdoberfläche gelangt deshalb nur ein Teil der ursprünglichen Einstrahlungsenergie, die am äußeren Rand der Atmosphäre ankommt. Dieser Vorgang wird als **Extinktion** bezeichnet. An der Extinktion der Atmosphäre sind drei Mechanismen beteiligt:

* Reflexion
* Absorption
* Streuung.

Wird die Strahlung ganz oder teilweise in eine Richtung zurückgeworfen, ohne dass sich ihre Wellenlänge ändert, spricht man von **Reflexion**. Im Alltag lässt sich das gut an einem Spiegel beobachten. Während der Spiegel die Strahlen je nach Einfallswinkel in eine einzige Richtung zurückwirft, sorgt die unregelmäßige Oberflächenstruktur eines weißen Blattes Papier dafür, dass die Strahlen in verschiedene Richtungen reflektiert werden. Man spricht in diesem Fall von **diffuser Reflexion**. In der Erdatmosphäre dominiert normalerweise die diffuse Reflexion.

   Wie stark die Sonnenstrahlung reflektiert wird, hängt von verschiedenen Faktoren wie dem Bewölkungsgrad oder der Luftverschmutzung ab. Auch die Erdoberfläche selbst reflektiert einen Teil der Strahlen. Das Ausmaß, in dem eine Fläche Strahlung reflektiert, wird mit dem Begriff Albedo beschrieben. Üblicherweise werden Albedowerte in Prozent angegeben. Eine Albedo von 50 Prozent bedeutet, dass die Hälfte der einfallenden Strahlung reflektiert wird. Einfluss auf die Albedo haben Farbe und Struktur der Oberfläche, aber auch Einfallswinkel und Wellenlänge der auftreffenden Strahlung. Die Albedo einer Oberfläche ist

M3: Oberflächen mit unterschiedlicher Albedo innerhalb einer Landschaft

Albedo

Anteil der gesamten einfallenden Sonnenstrahlung, die von einem Körper reflektiert oder gestreut wird. Der Albedowert ist sowohl abhängig von der Oberfläche des Körpers als auch von der Wellenlänge der einfallenden Strahlung und wird in der Regel in Prozent der einfallenden Strahlung angegeben.

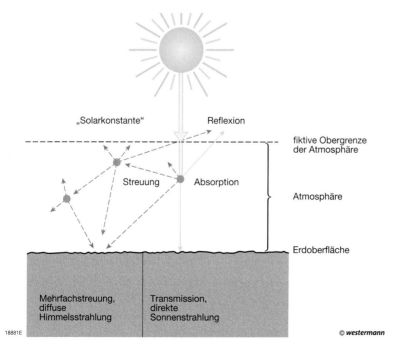

M4: Mechanismen der atmosphärischen Extinktion

Transmission
Vorgang bei dem Strahlung von einem Material, beispielsweise einer Oberfläche oder einer Gasschicht, weder absorbiert noch reflektiert, sondern ohne Energieverlust durchgelassen wird.

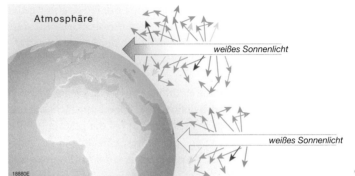

Atmosphäre

weißes Sonnenlicht

weißes Sonnenlicht

18880E

© *westermann*

M1: Streuung des Sonnenlichts an den Gasmolekülen der Atmosphäre

Oberflächeneinheit	Albedo (α in % der Globalstrahlung)
Wasser:	
Einfallswinkel Sonnenstrahlung 40–50°	7–10
Einfallswinkel Sonnenstrahlung 20°	20–25
Schnee:	
frischer Neuschnee	75–95
alter Schnee	40–70
See-Eis:	30–40
Sandflächen:	
trocken	35–40
feucht	20–30
Böden:	
Braunerden	10–20
Tonböden (grau)	
trocken	20–35
feucht	10–20
Vegetationseinheiten:	
Grasflächen	10–20
Getreideflächen	15–25
Nadelwald	5–15
Laubwald	10–20
Tundra	15–20
schneebedeckte Tundra	70–80
Savanne/Steppe	15–20
Wüste	25–30
Anthropogene Flächen:	
Beton	17–27
Asphalt	5–10
Wolken in der Athmosphäre:	
Stratuswolken	40–60
Cumuluswolken	70–90

M2: Albedowerte verschiedener Oberflächen

also nicht über das gesamte Spektrum gleich, sondern unterscheidet sich je nach spektraler Zusammensetzung der auftreffenden Strahlung. Neuschnee beispielsweise hat eine Albedo von 75 bis 95 Prozent für kurzwellige Strahlung, für langwellige Strahlung beträgt der Wert lediglich ein Prozent.

Bei dem zweiten Mechanismus, der zur Extinktion beiträgt, – der **Absorption** – wird Strahlungsenergie aufgenommen und in Wärmeenergie umgewandelt. Physikalisch geschieht dabei folgendes: Durch die Energieaufnahme werden in dem absorbierenden Material Molekülschwingungen ausgelöst oder verstärkt. Diese Teilchenschwingungen empfinden wir als Wärme. Ein anschauliches Beispiel für Absorption ist eine Steinplatte, die sich in der Mittagssonne aufheizt. Ob es zur Absorption kommt, hängt vom absorbierenden Medium und von der Wellenlänge der Strahlung ab. Je nach Material werden bestimmte Wellenlängen absorbiert, andere reflektiert oder durchgelassen (**Transmission**). Die Absorption sorgt also dafür, dass bestimmte Bereiche des Strahlenspektrums geschwächt oder ganz „geschluckt" und dabei in Wärme umgewandelt werden. Dieser Mechanismus ist auch für die Farbigkeit von Objekten verantwortlich. Nehmen wir eine Oberfläche beispielsweise als rot war, bedeutet das: Nur der rote Spektralanteil wird reflektiert, die übrigen Bereiche des sichtbaren Spektrums werden absorbiert.

Den dritten Beitrag zum Gesamteffekt der Extinktion leistet die **Streuung**. Der Begriff beschreibt einen Vorgang, bei dem Strahlen durch Gasmoleküle oder kleine Partikel, die in der Atmosphäre schweben (Aerosole), in verschiedene Richtungen abgelenkt werden. Die Strahlung ändert dabei ihre Richtung, aber nicht ihre Wellenlänge. Der Effekt ist umso stärker, je weiter der Weg ist, den die Strahlung durch die Atmosphäre zurücklegen muss. Werden die Strahlen durch Moleküle oder kleinste Aerosolpartikel (< 0,1 µm) abgelenkt, spricht man von **Rayleigh-Streuung**. Die Stärke einer Rayleigh-Streuung ist abhängig von der Wellenlänge des Lichtes. Kurzwelliges Licht streut wesentlich stärker als langwelliges Licht. Streuung, die durch größere Partikel (0,1 – 100 µm) verursacht wird, nennt man **Mie-Streuung**. Die Wellenlänge des Lichts spielt bei dieser Variante so gut wie keine Rolle. In einer sauberen Atmosphäre (Rayleigh-Atmosphäre), die kaum größere Partikel enthält, dominiert die Rayleigh-Streuung. Nimmt der Verschmutzungsgrad zu, steigt der Anteil der Mie-Streuung.

1 Erklären Sie folgende Lichtphänomene: Tagsüber ist der Himmel bei klarem Wetter blau, abends färbt er sich rot.

2 Erklären Sie, warum frischer Schnee bei Minusgraden in der Sonne nicht schmilzt. Beschreiben Sie, was passiert, wenn der Schnee mit einer Wärmelampe bestrahlt wird.

2.2.1 Die Globalstrahlung

Nicht nur die Stärke, auch die Zusammensetzung der solaren Strahlung variiert mit dem Breitengrad und der Jahreszeit. Neben der Intensität der Einstrahlung verändert sich dabei auch das Verhältnis von direkter und indirekter Strahlung.

Wenn das Sonnenlicht an den Gasmolekülen oder schwebenden Masseteilchen der Atmosphäre streut, führt das zu einer Schwächung der Strahlungsintensität. Die Streuung sorgt aber auch dafür, dass lediglich ein Teil der Sonnenstrahlung die Erdoberfläche auf direktem Wege erreicht. Der Rest wird abgelenkt und gelangt – wenn überhaupt – nur auf indirektem Wege zur Erdoberfläche. Dieser Anteil wird als **diffuse Strahlung** oder diffuses Himmelslicht bezeichnet. Behalten die Strahlen ihre ursprüngliche Richtung bei, spricht man von **direkter Strahlung**. Die Summe aus direkter Strahlung (I) und diffuser Strahlung (D) heißt **Globalstrahlung** (G):

$$G = D + I$$

G: Globalstrahlung
I: direkte Strahlung
D: diffuse Strahlung

Exakt versteht man unter Globalstrahlung die Sonnenenergie, die innerhalb einer bestimmten Zeiteinheit auf einen definierten Teil der Erdoberfläche einstrahlt. Die Stärke der Globalstrahlung und ihre Zusammensetzung aus direkter und diffuser Strahlung hängen von verschiedenen Faktoren ab wie dem Breitengrad, der Jahres- und Tageszeit (Sonnenwinkel) und damit der Länge des Weges, den das Sonnenlicht durch die Atmosphäre zurücklegen muss und dabei der Wirkung von Absorption, Reflexion und Streuung ausgesetzt ist. Auch der Gehalt an Wasserdampf und Aerosolen in der Atmosphäre und der Bewölkungsgrad haben Einfluss auf Stärke und Zusammensetzung der Globalstrahlung.

M3: Ein hoher Anteil direkter Strahlung wie in der Sahara verschärft die Kontraste zwischen Licht und Schatten.

Prinzipiell gilt dabei folgende Beziehung: Je höher der Breitengrad, desto geringer wird infolge des Einflusses der Erdkrümmung die von der Sonne im Jahresmittel insgesamt eingestrahlte Energie (Lambert'sches Gesetz). Da die Länge des Strahlungsweges und damit der Einfluss der Streuung zu den Polen hin zunimmt, steigt auch der Anteil der diffusen Strahlung, zulasten der direkten Strahlung. Das führt dazu, dass sich das Sonnenlicht polwärts etwa des 60. Breitengrads zu gleichen Teilen aus diffuser und direkter Strahlung zusammensetzt. Äquatorwärts übersteigt prinzipiell der Anteil der direkten Strahlung den der indirekten Strahlung. Das relative Verhältnis der Einzelanteile der Globalstrahlung hat große Bedeutung für das organische Leben auf der Erde: Je stärker der Anteil der direkten Strahlung, desto größer werden die Kontraste zwischen Licht und Schatten, also die Expositionsunterschiede innerhalb eines Raumes. Nimmt der Anteil der diffusen Strahlen zu, verringern sich diese Unterschiede. In gleichem Maß verändern sich auch die Lebensbedingungen für Menschen, Tiere und Pflanzen, die in den jeweiligen Räumen existieren und sich an die Einstrahlungsbedingungen anpassen müssen.

Für gesamt-klimatologische Fragestellungen spielen eher die Globalstrahlung und deren räumliche und zeitliche Verteilung eine Rolle. Auffällig ist insbe-

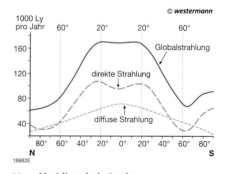

M4: Meridionalschnitt der kurzwelligen Strahlung auf der Erde (Ly = Langley: 1 Kalorie cm^{-2}; entspricht 2,39 x 105 J m^{-2})

sondere, dass die Maximalwerte im Jahresmittel nicht am Äquator, sondern in den Randtropen etwa auf Höhe der Wendekreise liegen. Am stärksten ist dieser Effekt auf der Nordhemisphäre. Die Globalstrahlung kann in den randtropischen Trockengebieten der Nordhalbkugel zwischen Juni und August bis zu 70 Prozent ihres theoretisch möglichen Wertes erreichen. Das globale sommerliche Einstrahlungsmaximum liegt über dem asiatischen Hochland, wo im Juni Werte von bis zu 320 W/m^2 erreicht werden. Zum Vergleich: Das zeitliche und räumliche Mittel der Globalstrahlung liegt zwischen 180 und 190 W/m^2.

© *westermann*

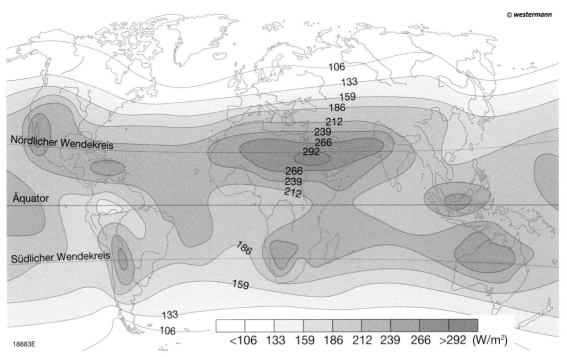

M 1: Jahreswerte der Globalstrahlung

Typische räumliche Verteilungsmuster für die Globalstrahlung zeigen sich auch in Ost-West-Richtung. Während in den Randtropen die Maximalwerte über den Landflächen liegen, ist dies in den inneren Tropen um den Äquator herum genau umgekehrt. Nördlich und südlich der Wendekreise folgt das räumliche Muster annähernd dem Verlauf der Breitenkreise. Am stärksten ausgeprägt sind die Einstrahlungsunterschiede in Nord-Süd-Richtung zwischen dem 35. und 45. sowie zwischen dem 50. und 60. Breitengrad. Diese Unterschiede sorgen dafür, dass die betreffenden Regionen unterschiedlich stark mit Energie versorgt werden. Um das Energiegefälle auszugleichen, muss ein Energietransport stattfinden. Die Mechanismen, die daran beteiligt, werden in Kapitel 5 dieses Bandes zur Allgemeinen Zirkulation der Atmosphäre näher beschrieben.

1 Erklären sie, warum die Maximalwerte der Globalstrahlung nicht im Bereich des Äquators, sondern in den Randtropen auftreten. Berücksichtigen Sie dabei, welche Witterungsbedingungen üblicherweise in den Tropen herrschen.
2 Beschreiben Sie mithilfe M 1, S. 26, die räumliche Verteilung der Globalstrahlung in Ost-West-Richtung. Betrachten Sie hierbei insbesondere die Unterschiede zwischen Rand- und Innertropen sowie die Verteilung über Land- und Ozeanflächen.
3 Versuche Sie, die in M 1 dargestellten räumlichen Verteilungsmuster der Einstrahlung zu erklären.

2.2.2 Strahlungs- und Wärmebilanz der Erde

In der Strahlungsbilanz des Systems Erde-Atmosphäre treten sowohl kurzwellige Solarstrahlung als auch langwellige Wärmestrahlung auf. Der irdische Strahlungs- und Wärmehaushalt wird aber auch noch durch andere Mechanismen des Energietransports geprägt.

Die Globalstrahlung umfasst den gesamten Input an solarer Energie in die Erd-Atmosphäre. Diese Energie ist sehr ungleich über die Erdoberfläche verteilt. Um Aussagen über den Energie- und Wärmehaushalt der Erde treffen zu können, genügt es aber nicht, lediglich die solare Einstrahlung zu betrachten. Entscheidend ist, wie viel Energie der Erde bei Berücksichtung sämtlicher Energiegewinne und -verluste tatsächlich zur Verfügung steht. Der prinzipielle Einfluss der Extinktion auf die solare Einstrahlung wurde bereits in Kapitel 2.2 dargestellt. M 2 liefert eine differenziertere Darstellung der beteiligten Vorgänge. M 3 zeigt den quantitativen Einfluss von Absorption, Streuung und Reflexion auf die solare Einstrahlung. Es wird deutlich, dass lediglich 30 Prozent der Strahlung ungehindert bis zur Erdoberfläche gelangen. Dieser Anteil entspricht der direkten Strahlung (I). Um den Anteil der diffusen Strahlung (D) zu beziffern, muss man sich klar machen, dass bei der Streuung an Atmosphärenteilchen, Luftmolekülen und Wolken ein Teil direkt in den Weltraum zurückgelenkt wird – hier durch Pfeile nach oben verdeutlicht. Der Rest wird in Richtung Erdoberfläche gelenkt (Pfeile nach unten). Nur dieser zum Erdboden gerichtete Bereich bildet die diffuse Strahlung. Wie in M 3 ersichtlich beträgt der Anteil der diffusen Strahlung – als Summe aus Streuung an Luftmolekülen, Dunst und Wolken – 25 Prozent. Für die Globalstrahlung (diffuse plus direkte Strahlung) ergibt sich damit ein Anteil von 55 Prozent der gesamten solaren Einstrahlung. Da vier Prozent wieder von der

Strahlungsbilanz
Differenz aus Strahlungsenergie-Gewinn und Strahlungsenergie-Verlust eines Systems. Eine positive Strahlungsbilanz zeigt einen Energieüberschuss, eine negative Strahlungsbilanz ein Energiedefizit an.

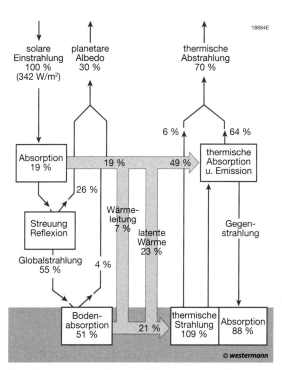

M 2: Strahlungs- und Energieflüsse im System Erdoberfläche und Atmosphäre (gerundete Werte)

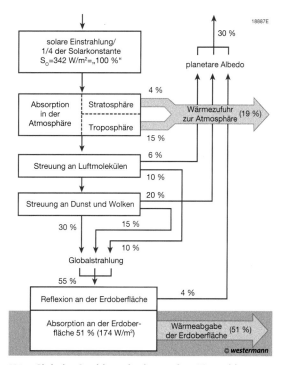

M 3: Globales Strahlungsbudget: solare Einstrahlung

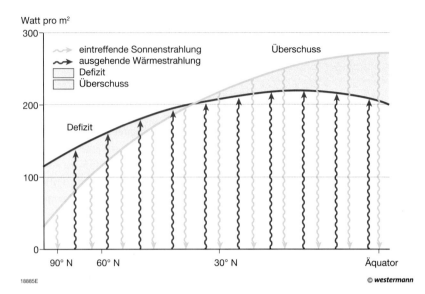

Watt pro m²

M1: Räumliche Verteilung von solaren Strahlungsüberschüssen und -defiziten zwischen Pol und Äquator

kurzwellige Reflexstrahlung
Anteil der solaren Strahlung, der von der Atmosphäre und der Erdoberfläche reflektiert wird.

Erdoberfläche reflektiert werden (kurzwellige Reflexstrahlung, R_K), verbleiben lediglich 51 für die Absorption durch die Erdoberfläche. Der von der Erdoberfläche reflektierte Teil bildet gemeinsam mit dem Teil der Solarstrahlung, der von den Luftmolekülen, Dunst und Wolken in den Weltraum rückgestrahlt wird, die **planetare Albedo** (30 Prozent). Es bleibt ein numerischer Rest: Wenn 51 Prozent der solaren Strahlung vom Erdboden absorbiert und 30 Prozent wieder in den Weltraum reflektiert werden, was ist dann mit den restlichen 19 Prozent passiert? Sie wurden von der Atmosphäre absorbiert und in Wärme umgewandelt.

Die solare Einstrahlung in M2, S. 27, ist mit 342 W/m² angegeben ist. Dieser Wert entspricht jedoch lediglich einem Viertel der Solarkonstanten. Der Grund liegt in der Definition dieses Wertes: Die Größe der Solarkonstanten wird in Leistung pro Fläche, senkrecht zur Sonnenstrahlung, angegeben. Insgesamt wird also eine Fläche vom Querschnitt der Erde durch die Solarkonstante beschienen. (vgl. 2.1.1). In Wirklichkeit verteilt sich die Leistung der Sonne aber auf die gesamte Oberfläche der Atmosphäre, die wir hier mit der Erdoberfläche gleichsetzen können. Zieht man statt des Querschnitts die gesamte Oberfläche der Erde als Referenzgröße für die Sonnenleistung heran und berücksichtigt dabei, dass die Oberfläche einer Kugel stets viermal so groß ist wie deren Querschnittsfläche, so ergibt sich als globales Mittel für die solare Einstrahlung automatisch ein Viertel des Wertes der Solarkonstanten. ●

Wärmestrahlung
Form der Übertragung von Wärmenergie durch (langwellige) elektromagnetische Strahlung. Im Gegensatz zu Wärmeleitung und Wärmeströmung kann sich Wärmestrahlung auch im Vakuum ausbreiten.

Neben der kurzwelligen solaren Strahlung existiert noch eine zweite Energieform, die in die Strahlungsbilanz der Erde eingeht – die langwellige Strahlung oder Wärmestrahlung der Erdoberfläche und der Atmosphäre. Diese Strahlung resultiert aus der Absorption und der damit verbundenen Umwandlung der kurzwelligen Solarstrahlung in Wärme. Den Hauptteil der langwelligen Strahlung bildet die thermische Strahlung der Erdoberfläche (E). Nur ein geringer Prozentsatz dieser Strahlung wird als **effektiver Strahlungsverlust** in den Weltraum abgegeben, der größte Teil wird in der Atmosphäre absorbiert, dabei wieder in Wärme umgewandelt und anschließend als so genannte atmosphärische Gegenstrahlung (A) zur Erdoberfläche zurückgeworfen. Dort wird die Gegenstrahlung wiederum absorbiert. Für die Strahlungsbilanz ergibt sich damit folgende formale Beziehung:

ℹ️

$$Q = I + D - R_K - E + A$$

Q: Strahlungsbilanz
I: direkte Strahlung
D: diffuse Strahlung
R_K: kurzwellige Reflexstrahlung
E: thermische Strahlung der Erdoberfläche
A: atmosphärische Gegenstrahlung

atmosphärische Gegenstrahlung
Die von Erde abgegebene langwellige terrestrische Strahlung wird zum größten Teil von der Atmosphäre absorbiert und als atmosphärische Gegenstrahlung wieder an das System-Erdoberfläche-Atmosphäre abgegeben.

Die Vorzeichen geben an, ob die Strahlung zur Erdoberfläche gerichtet ist (+) und damit in der Strahlungsbilanz auf der Gewinn-Seite verbucht werden kann, oder ob sie in den Weltraum abstrahlt (–) und als Strahlungsverlust zu verbuchen ist. In dem Term I + D erkennen wir die Globalstrahlung wieder. A – E steht für den effektiven Strahlungsverlust.

Setzt man die in M 2 und M 3, S. 27, angegeben Prozentwert für die kurzwellige und langwellige Strahlung in die Gleichung der Strahlungsbilanz ein, ergibt sich ein globaler Strahlungsbilanzüberschuss. Damit der Energiehaushalt der Erdoberfläche insgesamt ausgeglichen ist, muss dieser Überschuss der Atmosphäre wieder in Form von Wärme zugeführt werden. Dafür stehen zwei weitere Prozesse des Energietransports zur Verfügung: Wärmeleitung und Turbulenz. Anders als die langwellige Wärmestrahlung benötigt Wärmeleitung ein festes, flüssiges oder gasförmiges Medium, um sich auszubreiten. Feste Körper leiten Wärme normalerweise besser als flüssige oder gasförmige Materie. Der Wärmestrom des Erdbodens ist ein Beispiel für Wärmeleitung durch ein festes Medium.

Wärmeleitung
Form der Energieübertragung innerhalb eines Feststoffs oder einer Flüssigkeit, die dadurch erfolgt, dass Moleküle aneinander stoßen und dabei einen Teil ihrer Energie aufeinander übertragen. Wärmeleitung setzt örtliche Energieunterschiede zwischen Molekülen voraus. Diese entsprechen einem Temperaturgefälle.

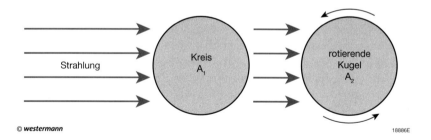

© *westermann*

18886E

M 2: Eintreffen von Strahlen auf eine Kreisfläche (A_1) und die rotierende Oberfläche einer Kugel mit gleichem Durchmesser (A_2)

Wesentlich schneller und effektiver funktioniert der Wärmetransport durch **Turbulenz**. Hierbei wird die von einem Gas oder einer Flüssigkeit aufgenommene Wärme durch Strömung weitertransportiert. In der Atmosphäre überwiegt diese Form des Energietransports, als turbulente Verlagerung von Luftmassen. Wird erwärmte Luft weitertransportiert, um ihre Wärme anschließend an einem anderen Ort wieder abzugeben, spricht man vom **fühlbaren Wärmestrom**. Beim **latenten Wärmestrom** erfolgt der Wärmetransport mithilfe von Wasserdampf: Die Zufuhr von Energie bewirkt in diesem Fall keine Erwärmung, sondern sorgt dafür, dass Flüssigkeit verdunstet. Wird der Wasserdampf weiterverfrachtet, wird dabei Wärme quasi in verborgener (latenter) Form transportiert. Wenn der Dampf kondensiert, gibt er die gespeicherte Energie wieder als Wärme an die

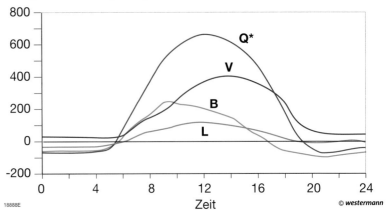

Energieflussdichte (W/m²)

M 1: Energiebilanz: Tagesgang der einzelnen Terme an einem wolkenfreien Frühsommertag in den Mittelbreiten

18888E © *westermann*

Energiebilanz
Differenz aus Energie-Gewinnen und Energie-Verlusten eines Systems. Eine positive Energiebilanz bezeichnet einen Energieüberschuss, eine negative Energiebilanz ein Energiedefizit.

Umgebung ab. Die Beziehung zwischen Strahlungsbilanz, Wärmeleitung des Erdbodens (Bodenwärmestrom) sowie dem latenten und fühlbaren Wärmestrom wird formal durch die Energiebilanz der Erdoberfläche beschrieben:

$$Q + B + L + V = 0$$

Q: *Strahlungsbilanz*
B: *Bodenwärmestrom*
L: *fühlbarer Wärmestrom*
V: *latenter Wärmestrom*

Die Gleichung der Energiebilanz muss Null ergeben, damit die Bilanz aller Strahlungs- und Wärmeflüsse ausgeglichen ist. Ist die Strahlungsbilanz einer Fläche positiv, sorgen die übrigen Wärmetransportprozesse dafür, dass Energie an die Umgebung abgeführt wird. Bei negativer Strahlungsbilanz muss Wärme aus der Atmosphäre oder dem Boden zugeführt werden. Klimatisch ist dieser Zusammenhang von großer Bedeutung. Zwar weist die Strahlungsbilanz im globalen Mittel einen Energieüberschuss auf. Regional kommt es mitunter jedoch zu großen Abweichung von diesem Durchschnittswert. Grundsätzlich gilt, dass die Erde zwischen dem Äquator und etwa der Position der Wendekreise mehr Energie über die kurzwellige Sonnenstrahlung empfängt, als sie über die Ausstrahlung der Erdoberfläche wieder abgibt. In den höheren Breiten ist es genau umgekehrt. In Tropen herrscht also ein Energieüberschuss, nördlich und südlich der Wendekreise ein Defizit. Um diese Differenz auszugleichen, sind horizontale Energieflüsse erforderlich.

1 **Fassen Sie mithilfe von M 2, S. 27, die Austauschprozesse im Bereich der langwelligen Strahlung mit eigenen Worten zusammen.**
2 **Berechnen Sie aus den angegebenen Prozentzahlen die tatsächliche Strahlungsleistung für jeden Pfeil des Schaubilds in W/m² und ermitteln Sie den Strahlungsbilanzüberschuss.**
3 **Analysieren und erklären Sie die räumliche Verteilung der Strahlungsbilanzwerte in M 1, S. 28.**
4 **Erklären Sie folgende Phänomene: Bei starkem Wind empfinden wir niedrige Temperaturen als noch kälter. Ein heißer Wüstenwind hingen steigert das subjektive Hitzeempfinden.**

Die Intensität, mit der ein Körper Energie abstrahlt, hängt von seiner Temperatur ab. Auch die spektrale Zusammensetzung der abgegebenen Strahlung wird maßgeblich von der Oberflächentemperatur des Körpers beeinflusst.

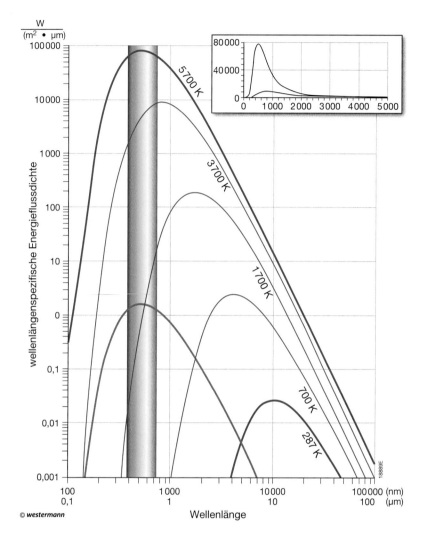

© westermann

Die Skalen in der Hauptgrafik sind logarithmisch. Die beiden fett gedruckten roten Kurven lassen sich schwarzen Strahlern mit der Temperatur der Sonne (5700 K) bzw. der Erde (287 K) zuordnen. Die violett gefärbte Kurve entspricht der solaren Verteilungskurve, reduziert um den Faktor 50 000. Die kleine Grafik zeigt die Kurvenverläufe für 5700 K und 3700 K in linearer Darstellung.

M2: **Wellenlängenspezifische Energieflussdichte von schwarzen Strahlern verschiedener Temperatur**

In der Energiebilanz der Erde spielen die Wärmeflüsse zahlenmäßig nur eine untergeordnete Rolle. Den größten Anteil stellen die Strahlungsterme. Die mittlere kurzwellige solare Einstrahlung (342 w/m²) übernimmt dabei die Rolle eines externen Energielieferanten. Die thermische Strahlung der Erdoberfläche (in der Energiebilanz Term E) wird auch als terrestrische Strahlung bezeichnet. Wir können also zwischen kurzwelliger Solarstrahlung und langwelliger terres-trischer Strahlung unterscheiden. Aber wie kommt es überhaupt zu einer solchen Unterscheidung? Warum sendet ein Körper wie die Sonne hauptsächlich kurzwellige Strahlung aus, ein anderer Körper wie unsere Erde vor allem langwellige Strahlung?

Diese Frage hat vor mehr als 100 Jahren bereits den deutschen Physiker **Max Planck** beschäftigt. Planck fand heraus, dass die Eigentemperatur eines Körpers maßgeblichen Einfluss darauf hat, in welchem Bereich des elektromagnetischen Spektrums dieser Körper mit welcher Intensität abstrahlt. Vereinfacht lassen sich

terrestrische Strahlung
Die Erdoberfläche absorbiert die energiereiche Sonneneinstrahlung und wandelt diese in Wärme um. Die Wärme wird in Form von langwelliger terrestrischer Strahlung (4 – 100 μm) von der Erde wieder abgegeben.

Plancks Erkenntnisse wie folgt zusammenfassen: Je heißer ein Körper ist, desto mehr Energie strahlt er ab. Gleichzeitig verschiebt sich die Wellenlänge, bei der die abgegebene Energie den Maximalwert erreicht, bei steigender Temperatur immer weiter in den kurzwelligen Bereich.

Um das Strahlungsverhalten von Körpern unterschiedlicher Temperatur vergleichen zu können, ging Planck von einem idealisierten Modell aus, dem so genannten schwarzen Strahler. Mit diesem Begriff bezeichnet man einen Körper, der sämtliche auftreffende Strahlung vollständig absorbiert. Im Alltag kommt eine mattschwarze Oberfläche, die den Großteil des Sonnenlichts „verschluckt" und die dabei absorbierte Solarstrahlung als Wärme wieder abstrahlt, dieser Vorstellung recht nahe. Mithilfe des von ihm formulierten **Planck'schen Strahlungsgesetzes** konnte Planck zeigen, dass sich die Intensität der abgestrahlten Energie in einer für alle schwarzen Strahler charakteristischen Form über das Spektrum verteilt. Lediglich die Wellenlänge mit maximaler Energieabgabe (λ_{max}) und die Menge der Energieabgabe insgesamt variieren mit der Temperatur des Körpers.

Schaubild M 2, S. 31, stellt diesen Zusammenhang anschaulich dar. y- und y-Achse sind als logarithmische Skalen dargestellt. Die Energieflussdichte je Wellenlänge ist in W/(m² · μm) angegeben. Die Fläche unter der jeweiligen Kurve entspricht der gesamten abgestrahlten Energie in W/m² des jeweiligen Körpers. Die Linie mit der Temperaturangabe 5700 K entspricht dem Kurvenverlaufs eines Schwarzstrahlers mit der Oberflächentemperatur der Sonne. Entsprechendes gilt bei der Linie mit der Angabe 287 K für einen Körper mit der Oberflächentemperatur der Erde. Die violette Linie stellt eine 50 000-fache Verkleinerung der solaren Verteilungskurve dar. Dieser Faktor gibt in etwa den Wert an, um den die Intensität der Sonnenstrahlung auf ihrem Weg zur Erde reduziert wird.

Die Grafik verdeutlicht, dass die Wellenlängen mit maximaler Energieabgabe für zwei verschiedene Schwarzstrahler umso weiter auseinander liegen, je stärker sich die Temperaturen der Körper (angegeben in Kelvin) unterscheiden. Zum Vergleich: Bei der Sonne liegt dieser Wert bei 502 nm ($\lambda_{max,\,sol}$), bei der Erde bei 10 063 nm ($\lambda_{max,\,E}$). Kennt man die Größe der Oberfläche eines schwarzen Strahlers und dessen Temperatur, dann lässt sich mithilfe eines von Josef Stefan und Ludwig Boltzmann formulierten Gesetzes dessen Gesamtstrahlungsmenge in W/m² berechnen:

Stefan-Boltzmann-Gesetz

$$E = \sigma \cdot A \cdot T^4$$

E: Strahlungsflussdichte in W/m²
σ: Stefan-Bolzmann-Konstante
A: Fläche in m²
T: Temperatur in K

Innerhalb der Formel ist σ eine Konstante, ihr Wert bleibt also immer gleich. Wenn wir zusätzlich eine Einheitsfläche von einem m² zugrunde legen, bedeutet das: Die abgestrahlte Energie eines schwarzen Strahlers steigt mit der vierten Potenz seiner absoluten Temperatur (Kelvin). Verdoppelt sich also die Temperatur, dann steigt die Energieflussdichte um das 16fache. In der Praxis heißt das:

schwarzer Strahler
Körper, der die gesamte einfallende Strahlung komplett absorbiert. Das Modell spielt eine wichtige Rolle bei der Formulierung des Planck'schen Strahlungsgesetzes, mit dem das Abstrahlungsverhalten schwarzer Strahler beschrieben wird.

T in °C	T in K	Emission in W/m²
– 273,16	0	0
50,0	223,16	141
20,0	253,16	233
18,0	255,16	240
10,0	263,16	272
0	273,16	316
+ 10,0	283,16	365
+ 15,0	288,16	389
+ 20,0	293,16	419
+ 60,0	333,16	699
90,0	363,16	986

M 1: Schwarzkörperstrahlung nach dem Stefan-Boltzmann-Gesetz für verschiedene Temperaturen

Material oder Oberflächen-bedeckung	Albedo (=1-ε) im Bereich der solaren Strahlung	Emissionskoeffizient ε im Bereich der terrestrischen Strahlung
Boden	0,05 – 0,40	0,90 – 0,98
Ackerkulturen	0,15 – 0,25	0,92 – 0,96
Wiese	0,20	0,95
Laubwald	0,15 – 0,20	0,98
Nadelwald	0,05 – 0,15	0,98
Wasser (hoch stehende Sonne)	0,05 – 0,40	0,92 – 0,97
Wasser (tief stehende Sonne)	0,03 – 0,10	
Neuschnee	0,95	0,99
Altschnee	0,40	0,85
Gletscher	0,20 – 0,40	0,92 – 0,99
Wolken	0,37 – 0,77	siehe Wasser
Asphalt	0,05 – 0,20	0,95
Baumaterial	0,10 – 0,40	0,88 – 0,97

M 2: Albedo und Emissionskoeffizient verschiedener Materialien

Schon eine kleine Temperaturerhöhung führt dazu, dass ein Körper oder eine Oberfläche beträchtlich mehr Energie abgibt. Fällt die Temperatur hingegen nur wenig ab, führt das bereits zu einem starken Rückgang der abgestrahlten Energie. Nun handelt es sich bei der Erde bekanntlich nicht um einen schwarzen Strahler. Was also haben die beschriebenen Vorgänge mit der terrestrischen Strahlung zu tun?

Das Maß, in dem das Abstrahlverhalten eines Körpers von einem schwarzen Strahler abweicht, lässt sich mithilfe eines Faktors – des so genannten **Emissionskoeffizienten** ε – präzise bestimmen. Der Emissionskoeffizient einer Oberfläche liegt immer zwischen 0 und 1. Sein Wert wird mit der Strahlungsflussdichte multipliziert, die sich nach dem Stefan-Boltzmann-Gesetz für eine schwarzen Strahler gleicher Größe ergibt. Ein Emissionskoeffizient von ε = 1 besagt demnach, dass sich ein Körper exakt wie ein schwarzer Strahler verhält. Bei ε = 0 absorbiert der Körper überhaupt keine Strahlung. Wie die Albedo ist auch der Emissionskoeffizient eines Körpers nicht konstant über das gesamte Spektrum, sondern variiert mit der Wellenlänge der abgegebenen Strahlung. Betrachtet man die Emissionskoeffizienten für den Bereich der terrestrischen Strahlung in Tabelle M 2, so fällt auf, dass die Werte dem Faktor 1 relativ nahe kommen. Mit einer gewissen Berechtigung lässt sich also sagen, dass sich die Erde im Bereich der langwelligen Strahlung annähernd wie ein schwarzer Strahler verhält.

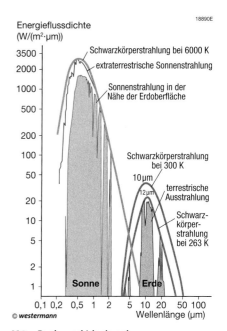

M 3: Reale und ideale solare bzw. terrestrische Strahlung

1 Erklären Sie die Unterschiede und Gemeinsamkeiten zwischen solarer und terrestrischer Strahlung mithilfe der Eigenschaften schwarzer Strahler und Diagramm M 2, S. 31.
2 Analysieren Sie anhand von Diagramm M 3 auf dieser Seite, wie sich die reale Ausstrahlung von Sonne und Erde von den Strahlungseigenschaften eines Schwarzstrahlers gleicher Größe und Temperatur unterscheidet. Welchen Einfluss hat die Atmosphäre auf die Energieflussdichte der Sonne?
3 Erläutern Sie mithilfe der Definition in Tabelle M 2, wie Albedo und Emissionskoeffizient miteinander zusammenhängen. Erläutern Sie auf dieser Basis auch den Zusammenhang von Absorptions- und Reflexionseigenschaften einer Oberfläche.

Ohne den natürlichen Treibhauseffekt würde das Klima auf der Erde ganz anders aussehen. Große Teile der Erdoberfläche wären von Eis und Schnee bedeckt. Die meisten Tier- und Pflanzenarten könnten unter solchen Bedingungen nicht überleben.

Die Oberflächentemperatur der Erde lässt sich nicht nur messen, sondern auch mathematisch bestimmen: Betrachtet man die Strahlungsbilanz der Erde, dann ergibt sich für die Wärmeabstrahlung der Erdoberfläche ein Wert von 240 W/m². Da das Abstrahlungsverhalten der Erde in diesem Spektralbereich weitgehend dem eines schwarzen Strahlers entspricht (siehe Kap. 2.3), lässt sich mithilfe des Stefan-Boltzmann-Gesetzes die entsprechende Temperatur ermitteln. Sie beträgt 255,16 K oder − 18°C. Auf der Erde würden solche Werte zu lebensfeindlichen Bedingungen führen. Tatsächlich liegt die gemessene Durchschnittstemperatur an der Erdoberfläche (Normhöhe von zwei Meter über Grund) derzeit bei etwa 15°C. Die Differenz zum berechneten Wert beträgt also 33°C. Wie kommt dieser Unterschied zustande?

Die Antwort liefert Schaubild M 2: Beispiel a) zeigt das Verhalten der Erde als perfekter Schwarzstrahler: Die auftreffende kurzwellige Solarstrahlung wird vollständig absorbiert und in Form langwelliger Strahlung wieder abgegeben. Die Durchschnittstemperatur auf der Erde würde in diesem Fall bei 5,6°C liegen. Nun wissen wir, dass sich die Erde zwar im langwelligen Bereich wie ein Schwarzstrahler verhält, nicht jedoch im kurzwelligen Bereich der Solarstrahlung. Die solare Einstrahlung wird deshalb nicht vollständig absorbiert, sondern teilweise von der Erdoberfläche reflektiert. Diese Bedingungen sind in Beispiel b) dargestellt. Sie entsprechen dem oben aufgeführten Zahlenbeispiel mit einer angenommen durchschnittlichen globalen Temperatur von − 18 C. Die tatsächlich auf der Erde herrschenden Strahlungsbedingungen sind in Beispiel c) dargestellt.

Neben der zur Erde hin gerichteten kurzwelligen Solarstrahlung und der langwelligen terrestrischen Abstrahlung erkennen wir eine weitere Strahlung, die in Richtung der Erdoberfläche verläuft ist – die **atmosphärische Gegenstrahlung**. Diese langwellige Strahlungsart entsteht dadurch, dass ein großer Teil der terrestrischen Strahlung nicht auf direktem Weg ins Weltall abgegeben, sondern innerhalb der Atmosphäre absorbiert und als Wärmestrahlung wieder in Richtung Erdoberfläche zurückgeworfen wird. Die Strahlungsenergie der atmosphärischen Gegenstrahlung bleibt somit erhalten und heizt die Atmosphäre zusätzlich um 33°C auf.

M 1: Struktur und Häufigkeit der Bewölkung haben ebenfalls Einfluss auf den natürlichen Treibhauseffekt.

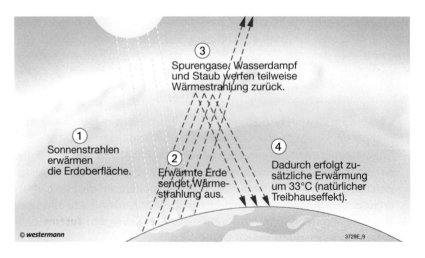

M 2: Schematische Darstellung des natürlichen Treibhauseffekts

③ Spurengase, Wasserdampf und Staub werfen teilweise Wärmestrahlung zurück.

① Sonnenstrahlen erwärmen die Erdoberfläche.

② Erwärmte Erde sendet Wärmestrahlung aus.

④ Dadurch erfolgt zusätzliche Erwärmung um 33°C (natürlicher Treibhauseffekt).

© westermann

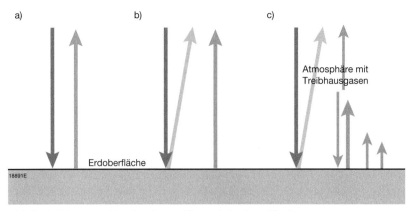

a) Erde als Schwarzstrahler, ohne Atmosphäre und planetarer Albedo,
b) Erde als Schwarzstrahler mit planetarer Albedo
   im Spektralbereich der Solarstrahlung,
c) Erde mit planetarer Albedo, Globalstrahlung, reflektierter Strahlung an der Erdoberfläche und
   Treibhausgasen in der Atmosphäre (natürlicher Treibhauseffekt), langwelliger
   Emissionsgrad ε = 1,00   © westermann

M 3: Strahlungsgleichgewicht der Erde im mittleren Abstand zur Sonne

Berücksichtigt man diese Tatsache bei der Berechnung der Durchschnittstemperatur der Erde ergibt sich exakt der gemessene Wert von etwa 15°C. Verantwortlich für den beschriebenen Effekt sind Gase in der Atmosphäre, die in der Lage sind, langwellige Strahlung zu absorbieren und wiederum als Wärmestrahlung in Richtung Erdoberfläche zu senden. Man spricht dabei von einem **natürlichen Treibhauseffekt**. Den größten Anteil am natürlichen Treibhauseffekt haben Wasserdampf (H_2O) und Kohlendioxid (CO_2). Ebenfalls zu den Treibhausgasen zählen Methan (CH_4), Distickstoffoxid (Lachgas bzw. N_2O), Ozon (O_3) und halogenierte Kohlenwasserstoffe (z.B. Fluorchlorkohlenwasserstoffe, kurz FCKW). Von einem Treibhauseffekt spricht man deshalb, weil die Wirkung der Klimagase im weitesten Sinne dem Effekt eines Treibhauses vergleichbar ist: Das atmosphärische Dach des „Treibhauses" Erde lässt das kurzwellige Sonnenlicht hindurch, hält jedoch die langwellige Wärmeabstrahlung des Bodens zurück. Die Luft innerhalb der Atmophäre erwärmt sich.

Auch die Treibhausgase lassen den größten Teil der eintreffenden Solarstrahlung ungehindert passieren und sorgen gleichzeitig dafür, das der Großteil der terrestrischen Strahlung als Gegenstrahlung in der Atmosphäre verbleibt. Dabei gibt es jedoch eine kleine Einschränkung: Wie in Schaubild M 1 zu erkennen, ist das „Dach" des irdischen Treibhauses nicht vollständig dicht, sondern besitzt eine Art Öffnung: Ein Teil der terrestrischen Strahlung wird nicht von den Treibhausgasen absorbiert, sondern kann ungehindert in den Weltraum entweichen. Diese „Löcher" im Dach des irdischen Treibhauses bezeichnet man auch als **atmosphärische Ausstrahlungsfenster**. Der Spektralbereich, in dem keine Absorption durch die Treibhausgase stattfindet, liegt bei einer Wellenlänge von 10 µm.

Treibhausgase
In der Atmosphäre enthaltene Gase, die für den Treibhauseffekt verantwortlich sind. Treibhausgase sind in der Lage, die langwellige terrestrische Ausstrahlung zu absorbieren und als atmosphärische Gegenstrahlung wieder abzugeben.

1 Wasserdampf stellt das stärkste natürliche Treibhausgas dar. Analysieren Sie, was das für die Stetigkeit des natürlichen Treibhauseffekts bedeutet. Berücksichtigen Sie bei Ihrer Antwort, was Sie über den atmosphärischen Anteil von Wasserdampf wissen.
2 Erläutern Sie die Mechanismen des natürlichen Treibhauseffektes mithilfe von Schaubild M 2.
3 Begründen Sie mit eigenen Worten, warum die Durchschnittstemperaturen auf der Erde um 33°C höher liegen als mithilfe des Stefan-Stefan-Boltzmann-Gesetzes berechnet.

Die Sonne – Motor des Klimas

Die Sonne als Energiequelle

Auf dem Weg zur Erde wird die solare Strahlung stark abgeschwächt. Ausschlaggebend für die Energiezufuhr an die Erdatmosphäre ist aber nicht die absolute Höhe der ankommenden Strahlungsleistung, sondern die Energie, die pro Zeiteinheit senkrecht auf einen bestimmten Teil der Atmosphärenoberfläche fällt. Dieser Wert wird als Solarkonstante bezeichnet. Die Kugelform der Erde und ihre jeweilige Stellung zur Sonne sorgen dafür, dass die Beleuchtungssituation und damit auch die Energiezufuhr auf der Erde zeitlich und räumlich stark variieren. So entstehen die unterschiedlichen Klimazonen und die Jahreszeiten. Darüber hinaus verändern sich in größeren Zeiträumen auch die Form der Erdumlaufbahn, der Winkel und die Richtung der Erdachsenneigung.

Strahlung und Atmosphäre

Wenn die solare Strahlung in die Atmosphäre eindringt, verändern sich ihre Richtung und ihre Intensität. Von der Strahlungsenergie, die am Außenrand der Atmosphäre ankommt, erreicht deshalb nur ein Teil die Erdoberfläche. Verantwortlich für diesen als Extinktion bezeichneten Vorgang sind die in der Atmosphäre enthaltenen Gase und Massepartikel. Lediglich rund ein Drittel der solaren Strahlung gelangt ungehindert zur Erdoberfläche, ein weiteres Viertel wird an Luftmolekülen, Dunst und Wolken gestreut und erreicht die Oberfläche als diffuse Strahlung. Rund die Hälfte der in die Atmosphäre eindringenden solaren Strahlung wird von der Erdoberfläche absorbiert und in Wärme umgewandelt. Als Konsequenz strahlt die Erdoberfläche langwellige Wärmestrahlung ab, die so genannte terrestrische Strahlung.

Strahlung und Oberfläche

Das Strahlungsverhalten von Körpern lässt sich mithilfe von so genannten „schwarzen Strahlern" darstellen. So nennt man einen Körper, der sämtliche auftreffende Strahlung absorbiert und in Wärme umwandelt. Die Intensität der durch den Körper wieder abgestrahlten Energie verteilt sich in einer für alle schwarzen Strahler charakteristischen Form über das Spektrum. Die Menge der insgesamt abgestrahlten Energie und die Wellenlänge mit maximaler Energieabgabe variieren mit der Temperatur des Körpers. Daraus resultiert das unterschiedliche Strahlungsverhalten von Sonne und Erde.

Der natürliche Treibhauseffekt

Der größte Teil der langwelligen terrestrischen Strahlung verschwindet nicht einfach im Weltraum, sondern wird von Atmosphärengasen wie Wasserdampf und Kohlendioxid absorbiert und in langwellige Strahlung umgewandelt. Die Strahlungsenergie dieser so genannten atmosphärischen Gegenstrahlung bleibt damit im System Erdoberfläche-Atmosphäre erhalten und heizt die Atmosphäre zusätzlich auf. Der Vorgang wird als natürlicher Treibhauseffekt bezeichnet. Ohne diesen Effekt lägen die Durchschnittstemperaturen auf der Erde deutlich niedriger. Die meisten Tier- und Pflanzenarten könnten unter solchen Bedingungen nicht überleben.

Aufgaben

1 Skizzieren Sie die Rolle der Sonne als Energiequelle für atmosphärische Prozesse.
2 Analysieren Sie den Zusammenhang von solarer Strahlung, Temperatur und geographischer Breite.
3 Beschreiben Sie die Eigenschaften und Prozesse, die dafür verantwortlich sind, dass die Strahlungsintensität der Sonne auf der Erde zeitlichen und räumlichen Schwankungen unterliegt.
4 Erläutern Sie den Zusammenhang zwischen der Strahlungs- und der Energiebilanz der Erdoberfläche.

Grundbegriffe

solares Spektrum
Solarkonstante
Lambert'sches Gesetz
Perihel
Aphel
Ekliptik
Zenit
Albedo
fühlbarer/latenter Wärmestrom
terrestrische Strahlung
schwarzer Strahler

Atmosphäre und Luftdruck

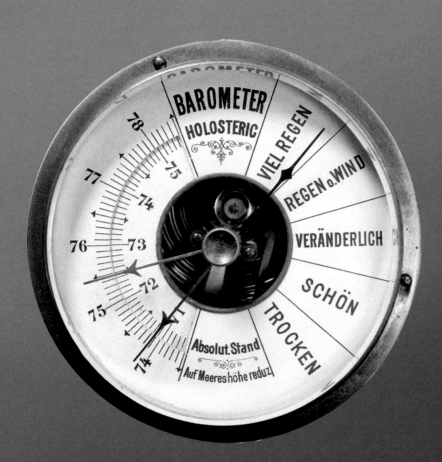

Die Gashülle, die unseren Planeten umgibt, bildet die Voraussetzung für die Existenz des Lebens auf der Erde. Sie enthält den lebensnotwendigen Sauerstoff und schützt die irdischen Organismen vor energiereicher UV-Strahlung. In ihr spielen sich auch die atmosphärischen Vorgänge ab, die Wetter, Witterung und Klima der Erde bestimmen. Die Gase der Atmosphäre sind keineswegs schwerelos, sondern lasten als Luftdruck auf der Erdoberfläche. Vertikale und horizontale Luftdruckunterschiede spielen eine wichtige Rolle beim globalen Transport von Luftmassen.

Stoff		Volumenanteil bzw. Konzentration
Stickstoff (N₂)		78,084 %
Sauerstoff (O₂)		20,946 %
Argon (Ar)		0,93 %
Neon (Ne)	permanente Gase	0,00182 %
Helium (He)		0,00052 %
Krypton (Kr)		0,00011 %
Wasserstoff (H₂)		0,00005 %
Wasserdampf (H₂O)		0 – 4 %
Kohlendioxid (CO₂)		derzeit 377 – 387 ppm relativer Anstieg derzeit ca. 0,4 % jährlich
Kohlenmonoxid (CO)		< 100 ppm
Methan (CH₄)	variable Gase	derzeit ca. 1,9 ppm relativer Anstieg derzeit 1 – 2 % jährlich
Schwefeldioxid (SO₂)		< 1 ppm
Lachgas (N₂O)		< 0,4 ppm
troposphärisches Ozon (O₃)		< 0,5 ppm
Stickstoffdioxid (NO₂)		< 0,2 ppm

(Werte nach McKnight, T. L. & D. Hess 2008; LfUBW, 2008 sowie IPCC 2007)

M 1: Anteile gasförmiger Bestandteile der Luft. Die Abkürzung ppm steht für „parts per Million", also „Teilchen pro Million.

Ohne die Gashülle, die unseren Planeten umgibt, könnte auf der Erde kein Leben existieren. Wetterprozesse, wie wir sie kennen, würden nicht stattfinden. Schädliche UV-Strahlung könnte ungehindert bis zur Erdoberfläche durchdringen.

Die Atmosphäre ist maßgeblich an Wetterprozessen und Klimaeffekten beteiligt: Temperaturverteilung, Niederschlag und Verdunstung stellen atmosphärische Prozesse dar. Auch der globale räumliche Energieaustausch findet innerhalb der Gashülle unseres Planeten statt. Die **Hauptgase** der Atmosphäre sind Stickstoff, Sauerstoff und Argon. Ihr durchschnittlicher Volumenanteil ist relativ stabil. Deshalb bezeichnet man sie als **permanente Gase**. Mit einem Anteil von etwa 78 Prozent bildet Stickstoff die größte Gasfraktion. An zweiter Stelle steht Sauerstoff mit rund 21 Prozent. Der Volumenanteil des Edelgases Argon beträgt lediglich knapp ein Prozent. Damit setzt sich die Atmosphäre der Erde zu rund 99,9 Prozent aus diesen drei Gasen zusammen. Neben den Hauptgasen enthält die Atmosphäre eine Reihe weiterer permanenter Gase, die jedoch nur in äußerst geringen Mengen („Spuren") vorkommen und deshalb als **Spurengase** bezeichnet werden. Zu den permanenten Spurengasen zählen neben Wasserstoff weitere Edelgase wie Helium oder Krypton.

Neben den permanent vorhandenen Spurengasen kommen in der Atmosphäre auch Gase vor, deren Volumenanteil zeitlich und räumlich stark variieren kann und die deshalb als **variable Gase** bezeichnet werden. In diese Gruppe gehören sämtliche Treibhausgase wie Wasserdampf (H₂O), Kohlendioxid (CO₂), Methan (CH₄), Distickstoffoxid (Lachgas bzw. N₂O) und Ozon (O₃). Die variablen Gase sind teils natürlichen Ursprungs, teilweise werden sie vom Menschen in die Atmosphäre eingebracht. Anschaulich wird die Größe der Anteile verschiedener Gasfraktionen durch ihre **Schichtdicke**. Dabei handelt es sich um eine

M 2: Absorptionsvermögen von Atmosphärengasen: Anteil des absorbierten Sonnenlichts nach Gasfraktionen

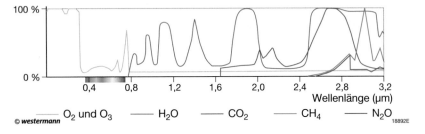

Stickstoff	ca. 6250 m
Sauerstoff	ca. 1670 m
Argon	ca. 74 m
Wasserstoff	ca. 35 m
Kohlendioxid	ca. 2,5 m
Edelgase ohne Argon, insgesamt	ca. 0,20 m
Ozon	ca. 0,0035 m
Summe	**ca. 8039 m**

M 3: Säulenhöhe verschiedener Gase in einer isobaren Atmosphäre unter Normalbedingungen

theoretische Größe unter so genannten Normalbedingungen (Temperatur = 0°C, Luftdruck = 1013 hPa). Bei einer angenommen Gesamtmächtigkeit der Atmosphäre von acht km, lassen sich – entsprechend ihrem Volumenanteil – für die einzelnen Gasfraktionen unterschiedliche Schichtdicken oder **Säulenhöhen** angeben. Als Gas mit dem größten Volumenanteil erreicht Stickstoff mit einer Säulenhöhe von 6000 Metern die größte Schichtdicke.

Die Zusammensetzung der Atmosphäre war nicht immer gleich. Die Uratmosphäre der Erde bestand lediglich aus den Gasen Wasserstoff, Kohlendioxid und Stickstoff. Sauerstoff bildete sich erst, als Bakterien und Algen, die zunächst ausschließlich im Wasser existierten, Sonnenlicht und Kohlendioxid zur Photosynthese nutzten und dabei Sauerstoff freisetzten. Vor rund 400 Mio. Jahren eroberten die Pflanzen das Land. Der Umsatz von Kohlendioxid nahm zu und damit auch der atmosphärische Anteil des von den Pflanzen produzierten Sauerstoffs. Bereits zuvor war in der äußeren Zone der Atmosphäre eine Ozonschicht entstanden. Sie schützte die Pflanzen, die nun direkt dem Sonnenlicht ausgesetzt waren, vor der gefährlichen UV-Strahlung. Die atmosphärischen Gase spielen eine wichtige Rolle beim Energie- und Wärmehaushalt der Erde und sind darüber hinaus in Form zahlreicher Spurengase für den natürlichen Treibhauseffekt verantwortlich. All diese Mechanismen hängen mit den Absorptionseigenschaften der verschiedenen Gasfraktionen zusammen. Eine Sonderstellung nimmt dabei der Wasserdampf ein. Der Volumenanteil dieses variablen Atmosphärengases ist starken Schwankungen ausgesetzt (je nach Temperatur zwischen einem und vier Volumenprozent).

Da Wasserdampf auch das wichtigste Treibhausgas darstellt, bildet der Wasserdampfgehalt eine entscheidende Steuerungsgröße für die Temperaturregelung auf der Erde. Außer den Gasen enthält die Atmosphäre noch so genannte **Aerosole**. Dabei handelt es sich um kleine in der Luft schwebende Feststoffpartikel. Aerosole können natürlichen Ursprungs sein wie Pollen und Mineralstaub (z.B durch Vulkanausbrüche) oder – wie industrielle Rußpartikel – durch menschliche Aktivität in die Atmosphäre gelangen. Im Gegensatz zu den Gasen, die für das menschliche Auge nicht sichtbar sind, sorgt eine hohe Aerosolkonzentration dafür, dass sich die Atmosphäre optisch eintrübt. Auch Aerosole haben Einfluss auf den Energiehaushalt der Erde. Während die energetische Wirkung der Gase sich fast ausschließlich auf die terrestrische Strahlung (Treibhauseffekt) bezieht, beeinflussen Aerosole durch Absorption, Reflexion und Streuung in erster Linie die solare Strahlung. Nimmt der Aerosolgehalt der Atmosphäre zu, kann das zu einer Verringerung der Sonneneinstrahlung und zu einer Einschränkung der Energiezufuhr führen. Beobachten lassen sich solche Prozesse nach Vulkanausbrüchen. In der Folge kommt es häufig zu einer Abkühlung der Atmosphäre. Daneben spielen Aerosole eine wichtige Rolle bei der Niederschlagsbildung. Die Partikel bilden so genannte Kondensationskerne, an denen sich Wassertröpfchen und Eiskristalle anlagern (siehe Kap. 4.4). Wenn mehr und mehr Wassermoleküle an einem solchen Kern kondensieren, führt das zu immer größeren Tropfen, die schließlich als Regen zur Erde niederfallen. Die Fallgeschwindigkeit des Regens hängt von der Tropfengröße ab.

ⓘ

Die Atmosphäre hat nur deshalb Bestand, weil auf sie zwei entgegengesetzte Kräfte einwirken: Die Anziehungskraft oder Schwerebeschleunigung der Erde und die Eigenbewegung der Moleküle. Damit die Atmosphäre weder in sich zusammenfällt noch einfach im Weltall verschwindet, müssen sich beide Kräfte im Gleichgewicht befinden. Die Geschwindigkeit, die ein Teilchen benötigt, um die Erdatmosphäre zu verlassen, beträgt elf km pro Sekunde. Überstiege die Eigenbewegung der Moleküle diesen Wert, würde sich die Gashülle der Atmosphäre auflösen. Damit dies nicht geschieht, dürfen die Oberflächentemperatur des Planeten nicht zu hoch und die Gasteilchen, aus denen sich eine Atmosphäre zusammensetzt, nicht zu leicht sein. ●

Bezeichnung	
a) Dämpfe	b) Salzkristalle
c) Staub	d) Vulkanasche
e) Ruß	f) Mikroorganismen
g) Sporen und Pollen	h) VOC[1]

Größen		
< 0,1 µm	PM 2,5	ultrafeine Partikel
0,1 – 2,5 µm		feine Partikel
> 2,5 µm bis ca. 100 µm	PM 10	grobe Partikel

Als PM 10[2] werden Aerosole bezeichnet, die kleiner als 10 µm sind. Sie können vom Menschen eingeatmet werden. Es wurde ein Zusammenhang zwischen der PM-10-Konzentration der Luft und der Sterberate festgestellt. Luftreinhaltungskonzepte und -gesetzgebungen sehen daher Grenzwerte für den PM-Gehalt vor. PM 2,5 sind Aerosole < 2,5 µm. Sie können bis in die feinsten Atemwege eindringen und daher besonders gesundheitsschädlich wirken. In einer verbesserten Luftreinhaltungsgesetzgebung ist ein Grenzwert für die PM-2,5-Partikelanzahl bzw. Partikelmasse anzustreben.

[1] VOC volatile organic compounds – flüchtige organische Bestandteile
[2] PM steht für den englischsprachigen Begriff „Particulate Matter"

M4: Natürliche und anthropogen freigesetzte Aerosole

· ·

1 Beschreiben Sie anhand von M2 die Absorptionseigenschaften der Atmosphärengase bezogen auf das solare Spektrum.
2 Erläutern sie den Zusammenhang zwischen den Absorptionseigenschaften der Gase und dem, was Sie über die Eigenschaften von solarer und terrestrischer Strahlung sowie den Treibhauseffekt wissen.

Die vertikale Schichtung der Atmosphäre erinnert im Aufbau an übereinander liegende Stockwerke. Das wichtigste Kriterium für die Einteilung in verschiedene Schichten ist die charakteristische Veränderung der Temperatur mit der Höhe.

M1: Erdatmosphäre aus dem Weltall

Anhand des typischen Höhen-Temperaturverlaufs lässt sich die Gashülle des Planeten in gut voneinander abgrenzbare Schichten oder „Stockwerke" einteilen. Im untersten Atmosphärenstockwerk, der **Troposphäre**, sinkt die Temperatur mit zunehmender Höhe – und damit wachsendem Abstand von der als „Heizfläche" wirkenden Erdoberfläche – kontinuierlich ab. Typisch für die Troposphäre ist ein hoher Gehalt an Wasserdampf. Es findet ein intensiver Austausch von Luftschichten sowohl in horizontaler als auch in vertikaler Richtung statt. Die Troposphäre ist der Ort, an dem sich die wesentlichen Wettervorgänge abspielen. Sie wird daher auch als **Wettersphäre** bezeichnet. Im unteren, unmittelbar an die Erdoberfläche angrenzenden Bereich der Troposphäre üben Reibungskräfte sowie Wärme- und Feuchtigkeitsaustausch mit dem Untergrund einen großen Einfluss aus. Dieser Bereich kann bis zu 2000 m mächtig sein. Er wird als Reibungsschicht oder **planetare Grenzschicht** (Peblosphäre) bezeichnet. Die Troposphäre enthält rund 75 Prozent der gesamten Luftmasse der Atmosphäre. Ihre Mächtigkeit wird durch den Energieumsatz der Erdoberfläche beeinflusst: Je höher der Energieumsatz, desto dicker ist die Troposphäre. Die Troposphärenhöhe unterliegt deshalb starken räumlichen und zeitlichen Schwankungen. Beobachten lässt sich diese Eigenschaft gut an ihrer oberen Begrenzungsschicht. Diese vergleichsweise dünne Schicht wird als **Tropopause** bezeichnet. Die

Thermosphäre
Atmosphärische Schicht oberhalb der Mesosphäre. Die Temperaturen steigen hier abhängig von der Intensität der Sonneneinstrahlung auf mehrere hundert Grad Celsius an. Der Luftdruck ist extrem niedrig.

Mesosphäre
Atmosphärische Schicht, die oberhalb der Stratosphäre beginnt und von dieser durch die Stratopause getrennt wird. Die Temperaturen nehmen in der Mesosphäre mit zunehmender Höhe wieder ab.

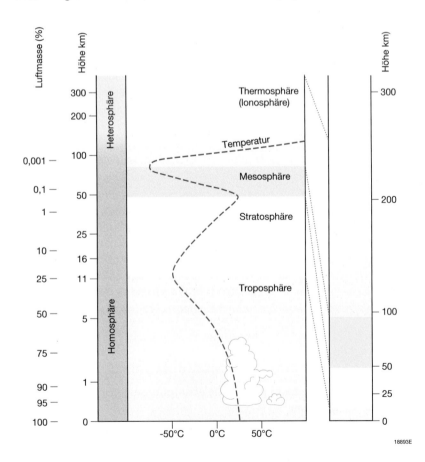

M2: Vertikalstruktur der Atmosphäre; links mit logarithmischer, rechts mit linearer Höhenskala

18893E

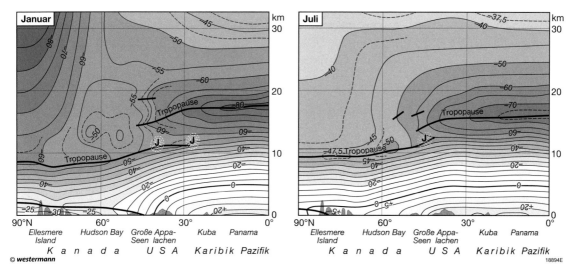

M3: Längsschnitt durch die Atmosphäre der nördlichen Hemisphäre entlang 80° West mit Isothermen (Linien gleicher Temperatur) und Verlauf der Tropopause im Januar und im Juli

Höhenlage der Tropopause verläuft nicht konstant, sondern unterliegt stärkeren räumlichen Schwankungen. Am Äquator erstreckt sich die Tropopause in Höhen von bis zu 17 km. An den Polen nähert sie sich zeitweise auf bis zu fünf km der Erdoberfläche an. Auch die Jahreszeiten haben Einfluss auf die Dicke der Troposphäre. Im Winter und Frühling ist sie am dünnsten. Im Sommer und Herbst nimmt sie erneut an Mächtigkeit zu.

Die Tropopause bildete keine geschlossene Schicht, sondern weist mehrere „Bruchstellen" auf, durch die es zum Gasaustausch zwischen der Troposphäre und den darüber liegenden Atmosphärenschichten kommen kann. Ein typisches Merkmal dieser Austauschzonen ist das Auftreten von Starkwindbändern, die als Strahlströme oder Jet-Streams bezeichnet werden. In der Tropopause kommt es zu einer Umkehr des Temperaturverlaufs (**Inversion**). So steigt in der nächst höher gelegenen Schicht, der **Stratosphäre**, die Temperatur mit zunehmender Höhe wieder an. Die Inversion wirkt wie ein Riegel zwischen Troposphäre und Stratosphäre, der beide Schichten weitgehend voneinander abschließt. Infolge der niedrigen Temperaturen an der Troposphärenobergrenze gelangt kaum Wasserdampf in die Stratosphäre. Die Stratosphäre ist daher extrem trocken und wolkenlos. Wetterprozesse finden so gut wie nicht statt. Wer in einem Passagierflugzeug am Fenster sitzt, kann die Übergänge zwischen Troposphäre und Stratosphäre gut beobachten, wenn das Flugzeug an einem bedeckten Tag die Wolkenschicht durchquert und plötzlich unter strahlend blauem Himmel dahin fliegt. Auch wenn die Stratosphäre beim Wettergeschehen kaum eine Rolle spielt, ist sie für das Leben auf der Erde dennoch von großer Bedeutung. Das in der Stratosphäre gebildete Ozon wirkt wie ein Strahlenfilter, der die besonders schädlichen UV-Strahlen mit einer Wellenlänge zwischen 290 und 320 nm absorbiert und einen Anstieg der Temperatur in der Stratosphäre bewirkt (siehe Kap. 7.3).

Jet-Streams
Starkwindbänder, zu Deutsch Strahlströme, die im Bereich der oberen Troposphäre oder unteren Stratosphäre auftreten und mit großer Geschwindigkeit (bis zu 600 km/h) wehen. Ausgelöst werden Jet-Streams durch starke räumliche Temperatur- und Druckunterschiede.

1 Beschreiben Sie anhand von M3 die jahreszeitlichen Veränderungen in der Troposphäre.
2 Beschreiben Sie anhand der Isothermen in M3 die Temperaturverläufe innerhalb der Troposphäre und vergleichen Sie diese mit den Aussagen des Textes.
3 Beschreiben Sie mithilfe von M1 und den Begriffen aus dem Text den Temperaturverlauf in den übrigen Atmosphärenschichten.

Die Luft, die uns umgibt, ist scheinbar schwerelos. Doch dieser Eindruck täuscht. Wie Feststoffe und Flüssigkeiten besitzen auch Gase eine Masse und damit ein Gewicht, das auf der Erdoberfläche lastet und allem, was sich darauf befindet.

Infolge ihres Eigengewichts übt die Luft eine Kraft auf die Erdoberfläche aus. Diese Kraft, bezogen auf eine bestimmte Fläche, wird als **Luftdruck** bezeichnet. Als theoretische Bezugsgröße des Luftdrucks dient eine Luftsäule, die senkrecht über der Erdoberfläche steht und deren oberes Ende bis an den äußeren Rand der Atmosphäre reicht. Wissenschaftlich definiert ist der Luftdruck als diejenige Gewichtskraft, mit der diese Säule oder die in ihr enthaltenen Luftteilchen auf eine bestimmte Fläche drücken:

M 1: Dosenbarometer

$$p = G/A$$

p   = Luftdruck
G   = Gewichtskraft
A   = Fläche

Die Maßeinheit für Luftdruck lautet **Pascal** (Pa = N/m²). Unter Normalbedingungen beträgt der mittlere Luftdruck auf Meereshöhe etwa 1013 **Hektopascal** (hPa, 1 Pa = 100 hPa). Man spricht in diesem Falle vom **Bodenluftdruck**. Praktisch bedeutet das: Auf jedem Quadratmeter lastet eine Luftsäule mit der Masse von zehn Tonnen (t).

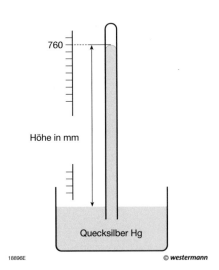

M 2: Quecksilberbarometer nach Torricelli

*Gemessen wird der Luftdruck mit einem **Barometer**. Die Funktionsweise eines Quecksilberbarometers, dessen Erfindung auf den italienischen Mathematiker und Physiker Evangelista Torricelli (1608 – 1647) zurückgeht, ist in M 2 schematisch dargestellt. Ein oben geschlossenes Glasrohr, das mit Quecksilber gefüllt ist, wird in ein ebenfalls mit Quecksilber gefülltes Gefäß getaucht. Die Funktionsweise entspricht dem Prinzip einer Balkenwaage: Das Gewicht der Quecksilbersäule im Glasrohr und die Gewichtskraft der Luft, die auf der Oberfläche der Quecksilberflüssigkeit im Gefäß lastet, befinden sich im Gleichgewicht. Nimmt der Luftdruck zu, dann verstärkt sich auch der Druck auf die Flüssigkeitsoberfläche im Gefäß – die Quecksilbersäule im Glasröhrchen wird nach oben gedrückt. Fällt der Luftdruck, passiert das Gegenteil. Der Anstieg oder Abfall der Flüssigkeitssäule kann auf einer geeichten Skala abgelesen werden. Neben Quecksilberbarometern kommen auch Dosen- oder **Aneoridbarometer** zum Einsatz, die nach einem anderen Prinzip funktionieren. Ihre Funktionsweise basiert auf einer anhähernd luftleeren Dose, die sich bei Luftdruckänderungen verformt. Aneoridbarameter messen nicht so exakt wie Quecksilberbarometer, sind aufgrund ihrer kleineren Bauweise aber platzsparender und deshalb vielseitiger einsetzbar. Moderne Luftdrucksensoren messen den Luftdruck elektronisch.*

Der Luftdruck kann an jedem beliebigen Ort der Atmosphäre gemessen werden. Dabei zeigt sich, dass der Druck mit zunehmender Höhe abnimmt – in Boden-

Auf zwei gleich großen Flächen in verschiedenen Höhen lasten unterschiedliche Gewichte. In Niveau 2 ist der Druck geringer als in Niveau 1. Das zwischen den beiden Niveaus eingeschlossene Luftvolumen ist das Produkt auf der Grundfläche multipliziert mit der Höhe Δh. Der in Niveau 1 zusätzlich wirkende Luftdruck ist damit Δp = ρ • g • Δh. Im rechten Teil der Abbildung ist die daraus resultierende exponenzielle Abnahme des Luftdrucks in warmer (rot) und in kalter (blau) Luft eingezeichnet.

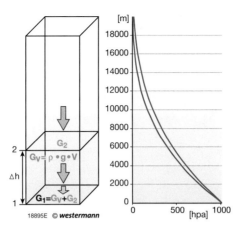

18895E © westermann

M 3: Luftdruck als Gewicht der Luftsäule (links) und Abnahme des Luftdrucks mit der Höhe (rechts)

nähe um etwa ein Hektopascal pro acht Meter, in 5500 Metern noch um rund die Hälfte bei gleichem Höhenunterschied. Der Gradient, mit dem der Luftdruck abfällt, verringert sich also mit der Höhe. 5500 Meter über Meeresniveau beträgt der Druck noch etwa 500 hPa, hat sich gegenüber dem Bodenluftdruck also bereits um rund die Hälfte verringert.

Der Druckunterschied zwischen zwei Höhenniveaus kann mathematisch hergeleitet werden. Dabei macht man sich folgende Tatsache zunutze: Die Druckdifferenz (Δp) entspricht genau dem Wert, mit dem das Gewicht der Luftsäule (G_v), die zwischen beiden Höhenniveaus eingeschlossen ist, auf ihrer Grundfläche (A) lastet. Berechnen lässt sich G_v als Produkt von Luftdichte (ρ), Erdanziehung (Erdbeschleunigung = g) und Volumen (V):

$$G_v = ρ • g • V$$

Berücksichtigen wir nun, dass sich das Volumen der eingeschlossenen Luftsäule aus dem Produkt der Grundfläche (A) und der Höhendifferenz (Δh) errechnet (V = A • Δh) und der Luftdruck definitionsgemäß G_v/A entspricht, dann ergibt sich für den Druckunterschied (Δp) folgender Zusammenhang:

$$Δp = ρ • g • Δh$$

Durch einfache Umstellung lässt sich mithilfe dieser Formel aus dem Wert des Bodenluftdrucks (p_1) der Luftdruck (p_x) in jeder beliebigen Höhe (Δh) herleiten. Δp entspricht dabei $p_1 - p_x$. Wäre die Luftdichte konstant, würde der Luftdruck mit zunehmender Höhe linear abfallen. Ihr Wert ist jedoch variabel und wird durch Höhenlage und Temperatur beeinflusst. Der Luftdruckabfall verläuft deshalb nicht linear, sondern exponentiell (siehe M 3). ●

Höhe ü. NN [z] = m	Luftdruck [p] = hPa	Höhe ü. NN [z] = m	Luftdruck [p] = hPa
0	1013	800	921
100	1001	900	910
200	989	1000	899
300	977	2000	795
400	966	3000	701
500	955	5000	540
600	943	10000	264
700	932	20000	55

M 4: Luftdruck in verschiedenen Höhen

· ·

1 Erklären Sie, warum der Luftdruck mit der Höhe abnimmt.

2 Leiten Sie aus der Formel zur Berechnung des Druckunterschiedes verschiedener Höhenniveaus die Formel zur Berechnung des Luftdrucks in einer beliebigen Höhe x ab.

3 Berechnen Sie die Luftdichte in 5500 m Höhe, wenn der Luftdruck dort 500 hPa beträgt (Erdbeschleunigung = 9,81 m/s²).

Warme Luft dehnt sich aus, kalte Luft zieht sich zusammen. Die Temperatur ist damit eine entscheidende Einflussgröße für die Luftdichte, den Luftdruck und auch für die Entstehung von thermischen Hoch- und Tiefdruckgebieten.

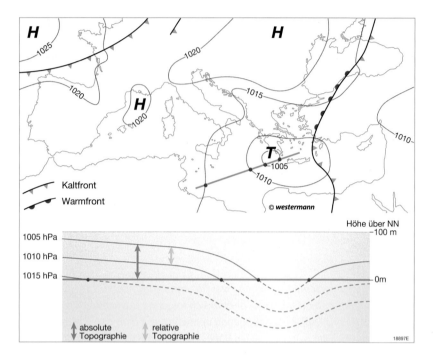

M1: Bodenwetterkarte (oben) mit Profilschnitt der isobaren Flächen (unten). Die Schnittlinien der isobaren Flächen mit dem Meeresniveau (grün) entsprechen den Isobaren.

Luftdruckunterschiede existieren nicht nur in vertikaler, sondern auch in horizontaler Richtung. Die räumliche Verteilung dieser horizontalen Luftdruckdifferenzen wird mithilfe von Wetterkarten dargestellt. Aus Gründen der Vergleichbarkeit werden bei der Erstellung solcher Wetterkarten die gemessenen Druckwerte auf Meeresniveau und auf eine Einheitstemperatur von 0°C „heruntergerechnet". Verbindet man die Punkte mit jeweils identischen Werten miteinander, dann ergeben sich Linien gleichen Drucks – so genannte Isobaren. Auf den gängigen Bodenwetterkarten werden Isobaren üblicherweise in Druckabständen von fünf oder 10 hPa eingezeichnet. Den Meteorologen liefern der Verlauf und die zeitliche Veränderung der Isobaren wichtige Hinweise auf das Wettergeschehen. Neben anderen Daten bilden diese Informationen die Basis für die Wettervorhersagen.

Die Isobaren der Bodenwetterkarten geben eine vereinfachte Darstellung räumlicher Druckunterschiede wieder. Dabei wird jedoch nicht berücksichtigt, dass sich Druckunterschiede nicht nur horizontal, sondern auch vertikal im Raum erstrecken. Vollständig wird das Bild, wenn man Profilschnitte durch eine Bodenwetterkarte legt, mit denen sich auch die Höhenunterschiede des Luftdrucks abbilden lassen (siehe M1). Verbindet man die Punkte mit identischen Messwerten mehrerer solcher Profilschnitte miteinander, so ergeben sich daraus übereinander geschichtete unregelmäßige Ebenen im dreidimensionalen Raum. Innerhalb einer solchen Ebene herrscht gleicher Luftdruck. Man nennt sie deshalb **isobare Flächen.** Der Abstand der isobaren Flächen entspricht den vertikalen Luftdruckdifferenzen. Große Luftdruckunterschiede bewirken, dass sich die isobaren Flächen weiter von einander entfernen. Verringern sich die Druckdifferenzen, passiert das Gegenteil.

Isobaren

Linien gleichen Luftdrucks. Der Abstand der Isobaren auf einer Wetterkarte ist ein Indikator für das Luftdruckgefälle innerhalb eines Raumes.

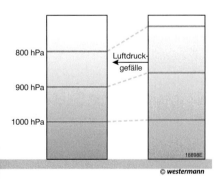

M2: Temperatur und Abstand der isobaren Flächen

Beeinflusst wird die Position der isobaren Flächen durch die Temperatur: Fällt das Thermometer, dann zieht sich die Luft zusammen und sinkt nach unten. Der Luftdruck in Bodennähe steigt – die isobaren Flächen werden gestaucht. Strömt dann in der Höhe Luft aus benachbarten Regionen nach und drückt auf die Luftsäule, bildet sich ein **Kältehoch**. Erwärmte Luft hingegen steigt nach oben und strömt dort in benachbarte Regionen ab. Der Luftdruck am Boden sinkt – die isobaren Flächen fächern sich auf. Das Auftreten von **Hitzetiefs** und Kältehochs hat zur Folge, dass es auf relativ begrenztem Raum am Boden und in der Höhe zu einem Luftdruckgefälle zwischen benachbarten Luftschichten kommen kann (siehe M 2). Die horizontalen Luftdruckdifferenzen führen dazu, dass Luft von der Region mit höherem Luftdruck (Hoch) zur Region mit niedrigerem Luftdruck (Tief) strömt. Wir spüren dies in Form von Wind.

Ein typisches Beispiel für solche lokalen Windsysteme sind Land- und Seewind, die sich als tagesperiodische Wetterereignisse an klaren Tagen an Meeresküsten oder Ufern von Binnenseen und breiten Flüssen beobachten lassen.

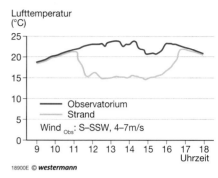

18900E © *westermann*

M 3: Tagesgang der Lufttemperatur am Meer, gemessen am Strand und an einer strandfernen Station bei Zingst, 17. 05. 1966

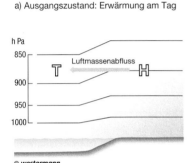

a) Ausgangszustand: Erwärmung am Tag

© *westermann*

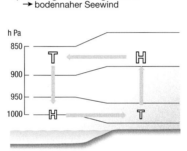

b) voll ausgebildete Tagsituation → bodennaher Seewind

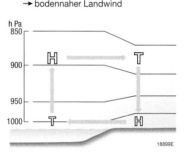

c) voll ausgebildete Nachtsituation → bodennaher Landwind

18899E

M 4: Land-See-Windsystem

Land-See-Windsysteme werden durch typische tageszeitliche Wechsel der Windrichtung charakterisiert. Tagsüber weht der Wind in Bodennähe vom Wasser in Richtung Land – man spricht in diesem Fall von Seewind. Nachts kehrt sich die Windrichtung um – man spricht nun von Landwind. Frühmorgens und am späten Nachmittag herrscht häufig Windstille. Verantwortlich für die Bildung solcher zirkulären Windsysteme ist die Tatsache, dass sich die Luft über Land und Wasser unterschiedlich schnell erwärmt oder abkühlt. Unter günstigen Umständen können Land- und Seewindsysteme Höhen von mehreren hundert Metern und Reichweiten von 20 km oder mehr erreichen. In diesem Fall handelt nicht mehr um lokale, sondern bereits um regionale Windsysteme. Horizontale Druckunterschiede infolge von Strahlungseinwirkung können sich auch über globale Distanzen erstrecken. In diesem Fall macht sich jedoch der Einfluss der Erdrotation bemerkbar, so dass es nicht mehr zu einem einfachen Ausgleich der Druckunterschiede kommt. Die Strömungsmuster, die aus solchen Konstellationen resultieren, sind in Kapitel 5 beschrieben.

Seewind
Lokales Windsystem mit kühler Luftströmung, die tagsüber vom Meer zum Land weht. Angetrieben wird der Seewind durch ein Luftdruckgefälle, das durch die schnellere Erwärmung des Festlandes im Vergleich zum Meer im Laufe des Tages entsteht.

1 **Erklären Sie anhand von M 4 die Entstehung eines Land-See-Windsystems. Verwenden Sie dabei die Begriffe aus dem Text.**

2 **An Schönwettertagen meldet der Wetterbericht für das Küstengebiet häufig niedrigere Temperaturen als im Binnenland. Erklären Sie diese Phänomens mithilfe von Schaubild M 3.**

3 **Erläutern Sie folgende Zustände: a) die Isobaren auf Bodenwetterkarten liegen nahe bei einander, b) weit voneinander entfernt.**

3 Zusammenfassung

Atmosphäre und Luftdruck

Die Zusammensetzung der Atmosphäre
Die Gashülle des Planeten besteht zum größten Teil aus Stickstoff, Sauerstoff und Argon. Darüber hinaus enthält die Atmosphäre eine Reihe weiterer Gase wie Wasserstoff, Helium oder Krypton, die jedoch nur in sehr geringen Mengen (Spuren) vorkommen und als Spurengase bezeichnet werden. Der Volumenanteil dieser Gase ist relativ stabil. Man bezeichnet sie deshalb als permanente Gase. Der Anteil anderer atmosphärischer Gase wie Wasserdampf oder Kohlendioxid kann hingegen stark variieren. Sie werden deshalb als variable Gase bezeichnet. Außer Gasen enthält die Atmosphäre Aerosole – kleine in der Luft schwebende Feststoffpartikel, die teils natürlichen Ursprungs sind, teils durch menschliche Aktivität in die Atmosphäre gelangt sind.

Die Stockwerke der Atmosphäre
Anhand des typischen Höhen-Temperaturverlaufs lässt sich die Atmosphäre in voneinander abgrenzbare Schichten unterteilen. In der untersten Schicht, der Troposphäre, sinkt die Temperatur mit zunehmender Höhe kontinuierlich ab. An ihrer Obergrenze, der Tropopause, kehrt sich der Temperaturverlauf um. In der Folge steigt in der nächst höher gelegenen Schicht, der Stratosphäre, die Temperatur mit zunehmender Höhe an. An deren Obergrenze, der Stratopause, kehrt sich der Temperaturverlauf dann abermals um. In der Troposphäre finden die wesentlichen Wetterprozesse unseres Planeten statt. Die Stratosphäre hat eine wichtige Funktion beim Schutz der Biosphäre vor schädlicher UV-Strahlung.

Der Luftdruck
Die Kraft, mit der das Gewicht der Luft auf einem bestimmten Abschnitt der Erdoberfläche lastet, wird als Luftdruck bezeichnet. Theoretische Bezugsgröße des Luftdrucks ist eine Luftsäule, die senkrecht auf der Erdoberfläche steht und bis zum äußeren Rand der Atmosphäre reicht. Der Luftdruck wird in Pascal gemessen. Der mittlere Luftdruck auf Meereshöhe wird als Bodenluftdruck bezeichnet. Er beträgt etwa 1013 Hektopascal. Mit zunehmender Höhe nimmt der Luftdruck ab. In Bodennähe etwa um ein Hektopascal pro acht Meter, in 5500 Metern noch um die Hälfte bei gleichem Höhenunterschied.

Thermische Druckgebilde
Die Druckverhältnisse im Raum werden durch die Temperatur beeinflusst: Fällt das Thermometer, dann sinkt die Luft nach unten. In der Höhe strömt Luft aus benachbarten Regionen nach, die zusätzlich auf die Luftsäule drückt. Der Luftdruck in Bodennähe steigt – ein so genanntes Kältehoch entsteht. Erwärmt sich die Luft, dann steigt sie auf und strömt in der Höhe in benachbarte Regionen ab. Das Gewicht, das auf der Luftsäule lastet, nimmt infolgedessen ab. Am Boden bildet sich ein so genanntes Hitzetief. Kältehochs und Hitzetiefs sind häufig lokal begrenzte Phänomene. Ihr Auftreten hat zur Folge, dass es auf relativ begrenztem Raum zu horizontalen Luftdruckdifferenzen kommen kann, die dazu führen, dass Luft von der Region mit höherem Druck (Hoch) zur Region mit niedrigerem Druck (Tief) strömt. Wir spüren diese Luftbewegung als Wind.

Aufgaben
1 Beschreiben Sie die Zusammensetzung und die Eigenschaften der Erdatmosphäre.
2 Erläutern Sie, in welcher Weise die vertikale Struktur der Atmosphäre mit der Entstehung von Wetterprozessen wie Wolkenbildung und Niederschlag zusammenhängt.
3 Erläutern Sie die Entstehung vertikaler und horizontaler Luftdruckunterschiede und beschreiben Sie, wie solche Unterschiede in der Klimatologie dargestellt werden.

Grundbegriffe
permanente Gase
variable Gase
Spurengase
Aerosole
Troposphäre
Stratosphäre
Bodenluftdruck
Isobaren
Kältehoch
Hitzetief

Das Wasser in der Atmosphäre

4

Wasser kommt auf der Erde in gasförmiger, flüssiger und fester Form vor. Nur ein verschwindend geringer Teil davon ist in der Atmosphäre enthalten. Für die klimatischen Vorgänge ist dieser Anteil jedoch von großer Bedeutung. Verdunstung, Wolkenbildung und Niederschlag sorgen dafür, dass atmosphärisches Wasser ständig ausgetauscht wird. Die daran beteiligten Prozesse halten einen globalen Wasserkreislauf in Gang, der die verschiedenen Wasserspeicher der Erde miteinander verbindet.

Die Wasservorräte der Erde verteilen sich auf verschiedene „Speicher". Der größte Teil davon wird permanent ausgetauscht. Sichtbare Zeichen dieses ständigen Kreislaufs sind Wolken, Niederschläge und das Strömen der Fließgewässer. Für das Überleben eines Großteils der Organismen sind vor allem die Süßwasservorräte von Bedeutung.

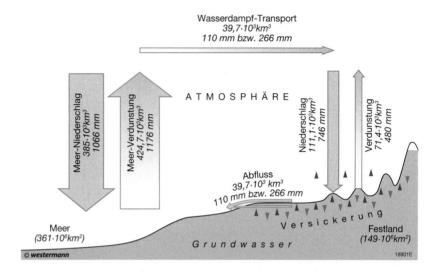

M 1: Schematische Darstellung des Wasserkreislaufs der Erde

Die Verfügbarkeit von Wasser macht die Erde zu einem besonderen Ort. Unser Heimatplanet ist zwar nicht der einzige Himmelskörper, auf dem Wasser vorkommt – Spuren davon wurden auch auf der Venus, auf dem Mars und in gefrorener Form an den Polen des Mondes nachgewiesen. Im Vergleich zu den irdischen Vorräten sind diese Mengen jedoch verschwindend gering. Zudem ist die Erde der einzige Planet des Sonnensystems, auf dem Wasser sowohl im flüssigen als auch im festen und gasförmigen Zustand zu finden ist.

Dichteanomalie
Abweichung von der Regel, dass die Dichte von Stoffen normalerweise zunimmt, wenn diese von der flüssigen in die feste Phase übergehen und umgekehrt. Die Dichteanomalie des Wassers zeigt sich daran, dass sich sein Volumen beim Gefrieren ausdehnt und beim Schmelzen verringert.

Die biologische und klimatische Bedeutung des Wassers beruht auf seinen besonderen physikalischen Eigenschaften. Dazu zählt unter anderem die so genannte Dichteanomalie: Üblicherweise ziehen sich Stoffe bei sinkenden Temperaturen zusammen, insbesondere wenn sie vom flüssigen in den gasförmigen Zustand übergehen. Das heißt, ihre Dichte nimmt zu. Wasser bildet hier eine Ausnahme. Seine höchste Dichte erreicht es unter normalen Druckbedingungen bei 4°C. Im gefrorenen Zustand dehnt es sich aus – um etwa neun Prozent des Ausgangsvolumens. Gefrorenes Wasser besitzt demnach eine geringere Dichte als flüssiges Wasser.

*Das ist der Grund, weshalb Eisberge auf dem Ozean schwimmen und Binnengewässer zunächst an der Oberfläche gefrieren. In den tieferen Schichten großer Seen bleibt Wasser auch bei längeren Frostperioden flüssig. Die Wasserorganismen können so die Kältephase überstehen. Ebenfalls von großer Bedeutung ist die spezifische Wärme oder **Wärmekapazität** des Wassers. Abgesehen von flüssigem Wasserstoff ist kein Material in der Lage, so große Wärmemengen zu speichern. Konkret bedeutet das: Der Energiebetrag, der einer bestimmten Menge Wasser zugeführt werden muss, um dessen Temperatur zu erhöhen, ist relativ hoch. Um ein Kilogramm Wasser (ca. 1 l) um ein*

Kelvin zu erwärmen, benötigt man 4,2 kJ (4,2 J = 1 cal). Diese Eigenschaft ist in erster Linie verantwortlich dafür, dass sich Meerwasser bei Sonneneinstrahlung langsamer erwärmt als das Festland und bei sinkenden Temperaturen auch langsamer ausgekühlt. ●

Schätzungen zufolge liegen mehr als 98 Prozent des Wassers in flüssiger Form vor, rund 1,8 Prozent als Eis und lediglich 0,001 Prozent als Wasserdampf. Bei der Bewertung solcher Zahlen muss allerdings berücksichtigt werden, dass die Menge der irdischen Wasservorräte nur näherungsweise bestimmt werden kann, da exakte Messungen nicht möglich sind. Demzufolge variieren die Angaben zum Umfang der Wasserspeicher der Hydro- und Kryosphäre mehr oder weniger stark. Die Gesamtmenge des vorhandenen Wassers wird in der Fachliteratur meist in einer Größenordnung um 1400 Mrd. km^2 angegeben. Der größte Teil davon – rund 97 Prozent – entfällt auf die Weltmeere. Die Ozeane bedecken zu fast drei Vierteln die Oberfläche des Planeten und enthalten ausschließlich Salzwasser. Wichtig für das Überleben der meisten Organismen sind jedoch vor allem die Süßwasservorräte. Der größte Teil davon – mehr als zwei Drittel – ist als Schnee und Eis in den Polargebieten, Hochgebirgszonen und Permafrostböden gebunden. Direkt nutzbar ist lediglich der Süßwasseranteil, der im Grundwasser und in den Binnenseen gespeichert ist oder in Flüssen und Bächen ins Meer fließt. Insgesamt enthalten diese Systeme weniger als ein Drittel der vorhandenen Süßwassermenge.

Lediglich ein Tausendstel der Gesamtwassermenge entfällt auf die Atmosphäre. Die Verweilzeit eines Wassermoleküls beträgt dort etwa zehn Tage. Das atmosphärische Wasser wird also rund 40-mal im Jahr ausgetauscht. Dahinter steht ein Prozess, der als **globaler Wasserkreislauf** bezeichnet wird: Jedes Jahr verdunsten große Mengen Wasser aus den Ozeanen und – zu einem weit ge-

M2: Tschiervagletscher, Schweiz: Der größte Teil der irdischen Süßwasservorräte ist als Schnee und Eis gebunden.

Teil der Hydrosphäre	Areal (106 km²)	Volumen (km²)	Anteil am Gesamtvorrat (%)	Anteil am Süßwasservorrat (%)	Mittlere Verweilzeit
Weltmeer	361 300	1 338 000 000	96,5438 %	–	2500 Jahre
Grundwasser	134 800	23 400 000	1,6884 %	–	
davon Süßwasser	134 800	10 530 000	0,7598 %	30,061 %	1400 Jahre
Bodenfeuchte	82 000	16 500	0,0012 %	0,047 %	1 Jahr
Schnee und Eis	37 233	24 364 100	1,7580 %	69,554 %	
Arktis, Antarktis und Grönland	16 009	24 023 500	1,7334 %	68,581 %	9700 Jahre
Gebirgsgebiete	224	40 600	0,0029 %	0,116 %	1600 Jahre
Permafrost	21 000	300 000	0,0216 %	0,856 %	10 000 Jahre
Oberflächengewässer	148 800	104 590	0,0075 %	0,299 %	
Flüsse	148 800	2120	0,0002 %	0,006 %	16 Tage
Süßwasserseen	1236	91 000	0,0066 %	0,260 %	17 Tage
Sumpfgebiete	2683	11 470	0,0008 %	0,033 %	5 Jahre
Organismen	510 000	1120	0,0001 %	0,003 %	wenige Stunden
Athmosphäre	510 000	12 900	0,0009 %	0,037 %	10 Tage
Gesamtvorrat	510 000	1 385 899 210	100,0000 %	–	
davon Süßwasser	148 800	35 029 210	2,5275 %	100,000 %	

nach Korzun, V. I. 1978

M3: Die Wasserspeicher der Erde

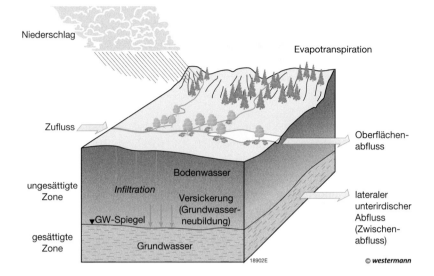

M1: Schema der Bodenwasserbilanz an der Boden-Vegetation-Atmosphären-Grenzschicht

ringeren Anteil – vom Festland in die Atmosphäre. Es bilden sich Wolken, die durch die Zirkulation in der Atmosphäre auf die Kontinente getrieben werden (**Advektion**) und dort ihre gespeicherte Feuchtigkeit in Form von Schnee oder Regen wieder abgeben. Ein Teil des Niederschlags versickert (**Infiltration**) und speist den Grundwasserspeicher. Der Großteil (mehr als 95 Prozent) fließt über Flüsse und Ströme wieder dem Meer zu.

M2: Quellentext zum Wasserkreislauf
Glawion et al.: Physische Geographie (2009)

Der Wasserkreislauf stellt [...] ein gewaltiges Transportsystem dar, in dem die Wasser- und Energieflüsse der Erde in einem engen Zusammenhang stehen. Der globale Wasserkreislauf ist eine riesige „Destillationsanlage", die aus dem Salzwasser der Meere ständig Süßwasser produziert. Müsste die Wassermenge, die über dem Festland als Niederschlag fällt, durch Meerwasserentsalzungsanlagen gewonnen werden, würde dies jährliche Kosten von etwa 100 600 Mrd. US-\$ verursachen (Annahmen von spezifischen Entsalzungskosten von US-\$ $1/m^3$), was der derzeitigen Weltwirtschaftsleistung von über 160 Jahren entspricht.

Die Abläufe des globalen Wasserkreislaufs einschließlich der jährlichen Transportmengen in den verschiedenen Teilsystemen sind in M1, S. 48, dargestellt. In der Abbildung wird deutlich, dass es sich im Grunde um zwei Kreisläufe handelt, die jeweils von vertikalen Mechanismen des Flüssigkeitstransports – Verdunstung und Niederschlag – angetrieben werden und durch horizontale Transportmechanismen – **Advektion** und **Abfluss** – miteinander verbunden sind.

1 Erläutern Sie anhand von M1, S. 48, den Wasserkreislauf mit seinen Teilprozessen.
2 Geben Sie mit eigenen Worten den Zusammenhang zwischen der Dichteanomalie des Wassers und dem Überleben von Organismen im Wasser während längerer Frostperioden wieder.
3 Erklären Sie, warum sich Wasser bei Strahlungswetter langsamer erwärmt als Land und nachts langsamer auskühlt.
4 Skizzieren und gliedern Sie die hydrologischen Vorgänge in der Boden-Vegetation-Atmosphären-Grenzschicht nach Wassergewinn und -verlust.

Zur Umwandlung von flüssigem Wasser in Wasserdampf wird Energie benötigt. Diese Tatsache spielt eine große Rolle im Klimageschehen: Im globalen Maßstab werden durch Verdunstung und Kondensation enorme Energiemengen umgesetzt. Man könnte Wasser deshalb als eine Art „Energiespedition" des Klimas bezeichnen.

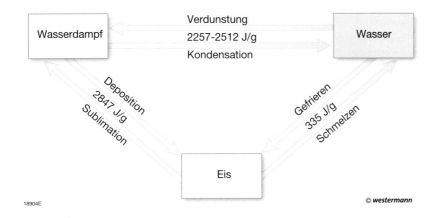

18904E

© **westermann**

M 3: Phasenübergänge des Wassers mit Energiebeträgen

Die Erde ist der einzige Planet des Sonnensystems, auf dem Wasser in allen drei Aggregatzuständen oder Phasen – fest, flüssig und gasförmig – vorkommt. Der stetige Wechsel zwischen den Phasen ist die Grundbedingung für das Funktionieren des globalen Wasserkreislaufs. Prinzipiell sind Phasenwechsel zwischen allen drei Aggregatzuständen möglich. Beim Wechsel von Fest zu Gasförmig wird sogar die Flüssigkeitsphase übersprungen. Die direkte Umwandlung fester Materie in Gas wird als **Sublimation** bezeichnet. Der umgekehrte Prozess heißt Resublimation oder **Deposition**. Sublimation und Deposition finden beispielsweise unter extrem niedrigen Druckbedingungen statt, wie sie in den oberen Bereichen der Troposphäre vorherrschen.

Bei jedem Phasenwechsel wird Energie benötigt oder freigesetzt. Um eine Flüssigkeit zum Verdunsten zu bringen, muss ein bestimmter Energiebetrag aufgewendet werden, die so genannte **Verdunstungswärme**. Ein besonderes Merkmal von Wasser besteht darin, dass seine Verdunstungswärme größer ist als bei jeder anderen Flüssigkeit. Das heißt: Damit Wasser in Wasserdampf umgewandelt werden kann, müssen enorme Energiebeträge bereitgestellt werden. Umgekehrt wird sehr viel Energie freigesetzt, wenn Wasserdampf zu Wasser kondensiert. Im globalen Maßstab werden auf diesem Wege riesige Energiemengen umgesetzt. Wasser spielt demnach eine enorm wichtige Rolle im Klimageschehen, wobei Verdunstung und Kondensation eine zentrale Funktion übernehmen.

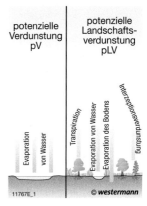

11767E_1

© **westermann**

M 4: Schema der Verdunstungsraten

Nun verwandeln sich auf unserem Globus jährlich rund 520 000 Kubikkilometer [Wasser d.R.] (km³) in Dampf, vor allem über den heißen tropischen Ozeanen, so dass diesen riesige Mengen an Wärme entzogen werden. Wenn der Wasserdampf in der Atmosphäre zu Wolken kondensiert, wird diese Wärme wieder frei und gelangt mit den Winden in kältere Regionen. Die Umwandlung dieser Wassermenge entspricht dem unvorstellbaren Energieumsatz von 327 000 000 Milliarden Kilowattstunden (kWh).

M 5: Quellentext zum Energieumsatz durch Verdunstung
Walch, D. u. Frater, H. (Hrsg.): Wetter und Klima (2004)

Daneben nehmen sich die Energieumsätze der Menschheit mehr als bescheiden aus. Zurzeit setzt die gesamte Weltbevölkerung im Jahr rund 80 000 Milliarden kWh um, das heißt innerhalb von rund zwei Stunden setzt das Wasser durch Verdunstung so viel Energie um, wie die gesamte Menschheit in einem Jahr.

«

Um die Verdunstung innerhalb eines Landschaftsausschnitts zu beschreiben, unterscheidet die Klimatologie verschiedene Verdunstungsformen. **Evaporation** bezeichnet die Verdunstung von Wasserflächen oder von unbedeckten Bodenoberflächen durch kapillaren Aufstieg von Wasser. Die Abgabe von Wasserdampf in die Atmosphäre durch Pflanzen heißt **Transpiration**. Die Summe aus beiden Prozessen wird unter dem Begriff **Evapotranspiration** zusammengefasst. Die dritte Quelle atmosphärischen Wasserdampfs bildet die so genannte **Interzeption** – die Verdunstung von Wasser auf der Vegetation während und nach Niederschlagsereignissen. Alle drei Fraktionen – Evaporation, Transpiration und Interzeption – ergeben zusammen die **Landschaftsverdunstung (LV)**. In einer vollständig vegetationslosen Landschaft entspricht die Landschaftsverdunstung der Evaporation.

Die globalen Durchschnittswerte der verschiedenen Verdunstungsraten sind in M 2 zusammenfasst. Die Werte sind in mm Wassersäule pro Jahr angegeben. Ein mm Wassersäule entspricht einem Liter Wasser pro Quadratmeter. Je nach Klima, Vegetation und Bodenbeschaffenheit kann die absolute Höhe der gesamten Landschaftsverdunstung sowie deren Verteilung auf die verschiedenen Verdunstungsarten stark variieren. Wie bei den Angaben zu den Wasserspeichern der Erde handelt es sich bei den angegebenen Zahlen um Schätzwerte, da exakte Messungen im globalen Maßstab hier nicht möglich sind. Die Schätzungen unterliegen teilweise großer Ungenauigkeit und können je nach Quelle stark voneinander abweichen.

Die tatsächlich stattfindende Verdunstung wird als **aktuelle Verdunstung** oder entsprechend als **aktuelle Evapotranspiration** oder **aktuelle Landschaftsverdunstung** bezeichnet. Darüber hinaus interessiert die Klimaforscher aber auch, welche Verdunstungsraten unter Idealbedingungen – wenn unbegrenzt Wasser zur Verfügung stünde – möglich wären. Dieser Maximalwert wird als

Verdunstungswerte aus Mitteleuropa:
Unbewachsener Ackerboden (Brache):
	180 mm/Jahr
Rasenfläche:	350 mm/Jahr
Feuchtwiese:	700 mm/Jahr
Offene Wasseroberfläche:	
	500 – 600 mm/Jahr

Verdunstungswerte von Kulturbeständen:
Roggen:	430 mm/Jahr
Buchweizen:	411 mm/Jahr
Kartoffeln:	479 mm/Jahr
Hafer:	358 mm/Jahr
Weizen:	308 mm/Jahr
Klee:	398 mm/Jahr

Verdunstungswerte von Waldbeständen:
Kiefer:	213 mm/Jahr
Birke:	375 mm/Jahr
Fichte:	193 mm/Jahr
Eiche:	220 mm/Jahr
Lärche:	220 mm/Jahr
Esche:	244 mm/Jahr
Buche:	209 mm/Jahr
Tanne:	145 mm/Jahr

M 1: Verdunstungswerte pro m² für unterschiedliche Bodenbedeckungstypen

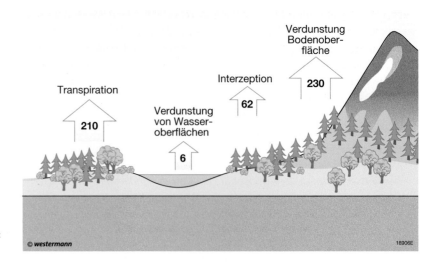

M 2: Mittlere Verdunstungsraten der Erde (alle Angaben: in mm Wassersäule/Jahr)

Transpiration
210

Verdunstung von Wasseroberflächen
6

Interzeption
62

Verdunstung Bodenoberfläche
230

© westermann

18906E

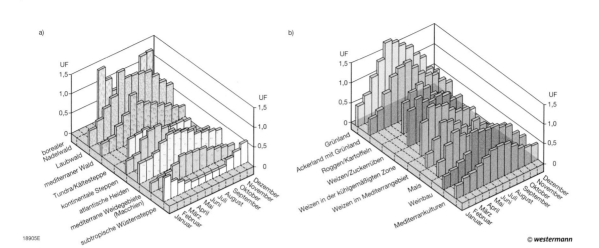

18905E

M 3: Monatliche Umrechungsfaktoren (Uf) zur Berechnung der potenziellen Landschaftsverdunstung (pLV) aus der potenziellen Verdunstung (pV),
a) nach Vegetationstypen,
b) nach Typen der Landnutzung

potenzielle Verdunstung (pV) oder entsprechend als **potenzielle Evapotranspiration** (pET) oder **potenzielle Landschaftsverdunstung** (pLV) bezeichnet.

Aktuelle und potenzielle Verdunstungsraten einer realen Landschaft zu messen, ist ausgesprochen aufwendig und schwierig. Weil nur wenige Klimastationen über die entsprechenden Messvorrichtungen verfügen, hat die Klimaforschung versucht, die Verdunstungswerte mithilfe mehr oder weniger aufwendiger Formeln aus anderen Klimaparametern wie Wind, Luftfeuchte, Temperatur oder Sonnenscheindauer abzuleiten. Ein Verfahren zur Berechnung der potenziellen Landschaftsverdunstung aus Werten der potenziellen Verdunstung oder Evaporation (pV) ist im Band „Angewandte Klimageographie" der Reihe Diercke Spezial beschrieben. Der Band enthält zudem die pV- und pLV-Werte von mehr als 500 Klimastationen weltweit. Die potenzielle Landschaftsverdunstung kann auf der Grundlage der potenziellen Verdunstung relativ einfach mithilfe von Umrechnungsfaktoren (Uf) bestimmt werden, die je nach Landschaftsbedeckung und Jahreszeit variieren:

Umrechnungsfaktor (Uf)
Wert, der es gestattet die potenzielle Landschaftsverdunstung (pLV) relativ einfach aus der potenziellen Verdunstung zu berechnen. Uf wird für verschiedene Vegetations- und Landnutzungstypen aus Bodenbedeckungsarten abgeleitet.

$$pLV = pV \cdot Uf$$

Für Europa sind die monatlichen Umrechnungsfaktoren differenziert nach Vegetations- oder Landschaftsnutzungstyp in M 3 dargestellt. Für die Bewertung der Wasserbilanz, also dem Ausweis feuchter und trockener Monate, besitzt die pLV außerordentliche Bedeutung. Setzt man den Niederschlag (N) mit der pLV in Beziehung, so gilt ein Monat als arid oder trocken, wenn der Niederschlagswert (in mm) in diesem Zeitabschnitt kleiner ist als die potenzielle Landschaftsverdunstung. Sind Niederschlag und pLV gleich groß oder übersteigen die Niederschlagswerte diejenigen der pLV, dann gilt der Monat als **humid** oder feucht. Diese Definition spielt eine wichtige Rolle im Rahmen der Klimaklassifikation.

....

1 Beschreiben Sie anhand von M 4, S. 51, die verschiedenen Verdunstungsraten und ihre Bestandteile.
2 Analysieren Sie anhand der Umrechnungsfaktoren die jährlichen Schwankungen in der pLV unterschiedlicher Bodenbedeckungs- und Landnutzungstypen.
3 Bestimmen Sie anhand von M 2, S. 52, die Werte für die Evapotranspiration und die Landschaftsverdunstung in mm/Jahr.

Der Grad der relativen Luftfeuchte entscheidet darüber, wie viel Wasser in gasförmiger Form die Atmosphäre noch aufnehmen kann und wann Wasserdampf wieder zu flüssigem Wasser kondensiert. Ob die Luft bereits mit Wasser gesättigt ist, hängt aber nicht nur von der absoluten Wassermenge ab, die in ihr enthalten ist.

Die Verdunstung sorgt dafür, dass sich die Luft mit gasförmigem Wasser anreichert. Die Aufnahmefähigkeit der Atmosphäre ist allerdings nicht unbegrenzt, sondern variiert mit der Lufttemperatur: Warme Luft kann mehr gasförmiges Wasser aufnehmen als kalte Luft. Ist die maximale Aufnahmekapazität erreicht, spricht man von **Sättigung**. Betrachtet man die physikalischen Prozesse, die an diesem Vorgang beteiligt sind, wird deutlich, warum es eine Obergrenze für die Wasseraufnahmefähigkeit der Atmosphäre geben muss: In flüssigem Wasser befinden sich die Wassermoleküle in ständiger Bewegung. Diese Bewegung führt dazu, dass einige der Moleküle schließlich die Oberflächenspannung der Wasserfläche überwinden und in die Atmosphäre übertreten. Nach einiger Zeit hat sich die Atmosphäre auf diese Weise mit freien Wassermolekülen angereichert. Einige dieser Moleküle werden wieder von der Wasseroberfläche „eingefangen" und kehren in den Flüssigkeitsverband zurück. Im Laufe dieses Prozesses ist irgendwann ein Punkt erreicht, an dem genauso viele Wassermoleküle die Flüssigkeit in Richtung Atmosphäre verlassen wie umgekehrt. Der Wasserdampfgehalt der Luft bleibt von da an immer gleich groß. Die Atmosphäre ist mit Wasser gesättigt.

Als Teil der gasförmigen Atmosphäre lastet auch die in ihr enthaltene Menge an Wasserstoffmolekülen mit einem bestimmten Gewicht auf der Erdoberfläche. Das Gewicht des Wasserdampfs pro Fläche ist Teil des allgemeinen Luftdrucks. Dieser Anteil wird als **Dampfdruck** bezeichnet. Der maximal mögliche Dampfdruck bei wasserdampfgesättigter Luft heißt Sättigungsdampfdruck. Er entspricht der maximalen absoluten Aufnahmefähigkeit der Luft für Wasserdampf. Dampfdruck und Sättigungsdampfdruck sind wichtige Beschreibungsgrößen

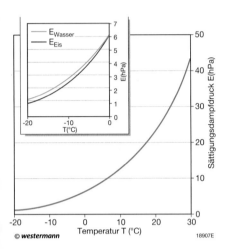

M 1: Sättigungsdampfdruck für ebene Wasserflächen

Partialdruck
Derjenige Druck, der innerhalb eines Gasgemisches einem bestimmten Gas zugeordnet werden kann. Der Partialdruck entspricht dem Druck, den das betreffende Gas ausüben würde, wenn seine Menge allein das Volumen ausfüllen würde, in dem sich das gesamte Gasgemisch befindet.

Bezeichnung		Beschreibung	Einheit
Absolute Feuchte *Absolute Humidity*	a:	Masse des Wasserdampfes, der in einem Kubikmeter Luft enthalten ist	g/m^3
Wasserdampfdruck *Vapour Pressure*	e:	Partialdruck des Wasserdampfes, d. h. Anteil des Wasserdampfes am Gesamtdruck der Luft	hPa
Sättigungsdampfdruck *Saturation Vapour Pressure*	E:	maximal möglicher Dampfdruck bei vorgegebener Temperatur	hPa
Sättigungsdefizit	E – e		hPa
relative Feuchte *Relative Humidity*	RH:	das Verhältnis von tatsächlichem Dampfdruck zu maximal möglichem Dampfdruck e/E	%
Taupunkttemperatur *Dew Point Temperature*	Dt:	Temperatur, auf die ein Luftpaket abgekühlt werden muss, damit e = E ist	°C
Kondensationsniveau *Condensation Level*	kn:	Höhe, in der abkühlungsbedingt e = E ist	m
Mischungsverhältnis *Mass Mixing Ratio*	m:	Masse des Wasserdampfes, der in einem Kilogramm trockener Luft enthalten ist	g/kg
spezifische Feuchte *Specific Humidity*	q:	Masse des Wasserdampfes in einem Kilogramm feuchter Luft	g/kg

M 2: Messgrößen zur beschreiben des Wasserdampfgehalts der Atmosphäre

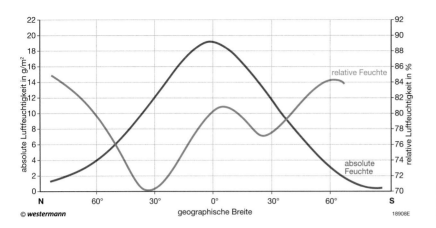

© westermann

18908E

M 3 : Meridionale Verteilung der relativen und absoluten Feuchte

für die Luftfeuchte. Daneben existieren noch eine Reihe weiterer Maße für den aktuellen oder maximal möglichen Wasserdampfgehalt der Luft, die mit den zugehörigen Maßeinheiten in M 2 aufgelistet und beschrieben sind, wie absolute und relative Feuchte, Taupunkttemperatur, Sättigungsdefizit und Kondensationsniveau.

Der Einfluss der Temperatur auf die Aufnahmefähigkeit der Luft für Wasserdampf lässt sich gut an dem Maß der **relativen Feuchte** demonstrieren: Wenn die Temperatur steigt, bleiben der tatsächliche Wasserdampfgehalt und damit auch der Dampfdruck zunächst stabil. Da die Luft sich bei Erwärmung ausdehnt, ist sie in der Lage, mehr Wassermoleküle aufzunehmen als kühle Luft. Der Sättigungsdampfdruck nimmt also zu. Die relative Feuchte, die das Verhältnis von tatsächlichem zu maximal möglichem Dampfdruck beziehungsweise absoluter Wassermenge beschreibt, wird damit automatisch kleiner. Beträgt die relative Feuchte zum Beispiel 50 Prozent, könnte man sagen, dass die Wasseraufnahmefähigkeit der Luft erst zur Hälfte „ausgereizt" ist. Demgegenüber beschreibt das **Sättigungsdefizit** die Differenz zwischen Sättigungsdampfdruck und Dampfdruck. Man könnte sie deshalb auch als Maß für den „Dampfhunger" der Luft bezeichnen.

Besondere Bedeutung für Wolkenbildung und Niederschlag, die in den folgenden Kapiteln näher beschrieben werden, haben **Taupunkttemperatur** und **Kondensationsniveau**. Der Taupunkt beschreibt die Temperatur, bei der Wasserdampf der Luft kondensiert: Wenn ungesättigte Luft abkühlt, verringert sich ihre Wasseraufnahmekapazität. Irgendwann entspricht der aktuelle Wasserdampfgehalt genau dem Sättigungswert: Der Dampfdruck ist jetzt gleich dem Sättigungsdampfdruck, die relative Luftfeuchte beträgt 100 Prozent. Das Wasser tritt dann von der gasförmigen wieder in die flüssige Phase über. Da die Temperatur in der Troposphäre normalerweise mit der Höhe abnimmt, verringert sich gleichzeitig auch ihre Wasseraufnahmekapazität – so lange, bis die Luft gesättigt ist und der Wasserdampf schließlich kondensiert. Das Kondensationsniveau bezeichnet diejenige Höhe, bei der dies geschieht und der Taupunkt erreicht wird.

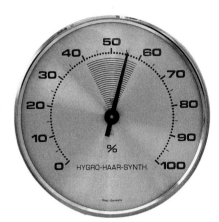

M 4 : Haarhygrometer zur Messung der relativen Luftfeuchtigkeit. Als Messelement dienen menschliche Haare, die sich bei Feuchtigkeit ausdehnen.

1 Beschreiben Sie mit eigenen Worten das Prinzip der Sättigung von Luft mit Feuchtigkeit.
2 Analysieren Sie anhand von M 3 den Zusammenhang zwischen relativer bzw. absoluter Luftfeuchte und geographischer Breite und versuchen Sie, den Kurvenverlauf zu erklären.
3 Erläutern Sie mithilfe von M 1 den Zusammenhang von Temperatur und Sättigungsdampfdruck.

Niederschlag entsteht nicht einfach dadurch, dass der Wasserdampf der Atmosphäre kondensiert. Bevor es regnet oder schneit, müssen sich zunächst Wolken bilden. Je nach vertikaler Erstreckung und Höhenlage unterscheidet man verschiedene Wolkenfamilien und -gattungen.

Regen oder Schnee entsteht nicht direkt durch Kondensation von gasförmigem Wasser. Damit sich Niederschlag bilden kann, müssen zunächst Wolken entstehen. Dabei handelt es sich um Ansammlungen von Wassertröpfchen, Eiskristallen oder einer Mischung aus beiden, die so klein und leicht sind, dass sie in der Schwebe gehalten werden. Wolken kommen in unterschiedlicher Form und Größe vor und sind am Taghimmel und in hellen Nächten mit bloßem Auge gut zu erkennen. Damit Wolken entstehen können, müssen zwei Bedingungen erfüllt sein: Der Gehalt des atmosphärischen Wasserdampfs muss den Tau- oder Kondensationspunkt erreichen beziehungsweise die Feuchtigkeit der Luft muss den Sättigungspunkt überschreiten. In der Regel geschieht das, in dem die Luft angehoben und dabei abgekühlt wird. Darüber hinaus müssen in der Atmosphäre winzige Festkörper enthalten sein, an denen sich die Wassermoleküle absetzen können. Es handelt sich dabei um so genannte Kondensationskerne. Zwar können Wolken auch entstehen, wenn Wassermoleküle in annähernd reiner Luft direkt zusammenstoßen. Für diese **homogene Kondensation** muss der Grad an Übersättigung jedoch sehr hoch sein. Die Kondensation an Kondensationskernen, **heterogene Kondensation** genannt, setzt dagegen bereits bei niedrigeren Sättigungsgraden ein.

*Nebel ist im Prinzip nichts anderes als eine niedrige Wolke, die auf dem Erdboden aufliegt und ausschließlich aus Wassertröpfchen besteht. Von Nebel spricht man, wenn eine solche aufliegende Wolke die Sicht auf unter einen km reduziert. Liegt die Sichtweite zwischen einem und vier km, ist von **Dunst** die Rede. Nebel entsteht, wenn sich warme Luft beispielsweise bei Nacht oder über einer kalten Landoberfläche abkühlt (**Strahlungsnebel**), wobei der darin enthaltene Wasserdampf kondensiert. Eine weitere Möglichkeit ist die horizontale Verschiebung warmer Luftschichten über eine kalte Oberfläche (**Advektionsnebel**).*

Bei den Kondensationskernen kann es sich um Aerosole wie Staub oder Salzkristalle handeln. Auch an winzigen Eiskristallen können sich Wassermoleküle anlagern. Solche Gebilde nennt man Gefrier- oder **Sublimationskerne**, da das Wasser an ihnen vom gasförmigen direkt in den festen Zustand übergeht. Ob Wolken Wassertröpfchen (Wasserwolken), Eis (Eiswolken) oder beides (Mischwolken) enthalten, hängt von ihrer Höhe oder vertikalen Erstreckung ab. Man unterscheidet deshalb je nach Höhenlage verschiedene **Wolkenfamilien**. Hohe Wolken bestehen fast ausschließlich aus Eiskristallen. Tiefe Wolken sind meist reine Wasserwolken. Mittlere Wolken und Wolken mit vertikaler Erstreckung enthalten in der Regel sowohl Wasser als auch Eis und unterkühltes Wasser.

Wolken werden auch nach ihrer Form unterschieden. Die heute noch gültigen Bezeichnungen gehen teilweise auf den englischen Apotheker Luke Howard (1772 – 1864) zurück, der seine Klassifikation bereits im Jahr 1803 veröffentlichte. Howard unterschied vier Grundarten von Wolken nach ihrem äußeren Erscheinungsbild, von denen drei noch heute unter ihrer ursprüng-

---

Kondensationskern
Feinstes in der Atmosphäre schwebendes Teilchen, an dem sich der atmosphärische Wasserdampf bei der Kondensation ablagern kann. Kondensationskerne haben eine wichtige Funktion bei der Wolkenbildung, da sie eine Kondensation bereits bei einer geringen Wasserdampfsättigung der Luft ermöglichen.

M 1: Nebelbildung über einem Tal

unterkühltes Wasser
Wasser in flüssigem Zustand, das kälter ist als 0 °C. Reines Wasser erstarrt auch bei Temperaturen unterhalb des Gefrierpunkts nicht unmittelbar zu Eis.

lichen Bezeichnung die Hauptwolkenklassen im Wolkenklassifikationssystem der World Meteorological Organization (WMO), dem **Internationalen Wolkenatlas**, bilden:

- **Cumuluswolken:** Dieser auch als Quell- oder Haufenwolke bezeichnete Wolkentyp kommt in verschiedenen Ausprägungen in mehreren Wolkenstockwerken vor. Cumuluswolken entstehen durch Konvektion oder beim raschen Vorstoß von kalter auf warme Luft an einer Kaltfront. Sie gelten bei ansonsten sonnigem Wetter als Schönwetterwolken.
- **Stratuswolken:** Werden auch Schichtwolken genannt und bilden die typische „Wolkendecke" bei bedecktem Himmel. Stratuswolken sind meist recht langlebig (bis zu mehreren Tagen) und können ebenfalls in verschiedenen Höhenstockwerken der Atmosphäre auftreten. Ihre Entstehung verdanken sie dem horizontalen Aufgleiten warmer Luft (Advektion) auf vorgelagerte kalte Luft oder auf ein Hindernis – zum Beispiel ein Gebirge.
- **Cirruswolken:** Auch Federwolken genannt, zählen zu den hohen Wolken. Sie enthalten überwiegend Eiskristalle und sind durch ihre faserige Gestalt am blauen Himmel gut zu erkennen.

Die Hauptwolkenklassen bilden noch weitere Misch- und Unterarten, so dass sich insgesamt zehn **Wolkengattungen** ergeben, die ihrerseits zahlreiche Sonderformen ausbilden wie beispielsweise Altocumulus, Altostratus, Stratocumulus, Cirrostratus oder Nimbostratus. Darüber hinaus werden Wolken im Klassifikationssystem der WMO auch durch die Höhenlage der Wolkenuntergenze und ihre vertikale Erstreckung beschrieben. Auf diese Weise werden vier so genannte Wolkenfamilien unterschieden: hohe Wolken, mittlere Wolken, tiefe Wolken und Wolken mit vertikalem Aufbau. Die Wolkengattungen können den vier Wolkenfamililen zugeordnet werden.

M2: Cumulonimbuswolke

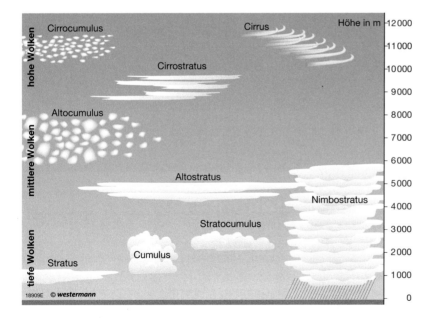

M3: Neun der zehn wichtigsten Wolkengattungen. Der zehnte Wolkentyp ist in Abb. M2 zu sehen.

....

1 Ordnen Sie die Wolkenkennzeichnungen aus M6, S. 59, den jeweiligen Fotos zu.
2 Erläutern Sie den Zusammenhang zwischen der Zusammensetzung einer Wolke und ihrer Höhe bzw. vertikalen Ausdehnung. Berücksichtigen Sie dabei den Höhentemperaturverlauf innerhalb der Troposphäre.

M1: A

M2: B

M3: C

M4: D

M5: E

Wolkenfamilie	Wolkengattung	Kennzeichnung	Merkmale
Hohe Wolken	Cirrus-, Federwolke	Ci	Hellweiß, faserige, faden- oder bandartige Struktur, manchmal hakenförmig abgebogen (Cirrus uncinus = Ci unc)
	Cirrocumulus-, Schäfchenwolke	Cc	Weiß, flocken- oder bändchenartige Struktur, oft in Gruppen oder Reihen angeordnet, durchscheinend, keinen Schatten werfend
	Cirrostratus-, Schleierwolke	Cs	Weißlicher, glatter oder faseriger, durchscheinender Wolkenschleier, oft mit Haloerscheinungen (farbige Ringe um Sonne oder Mond, hervorgerufen durch Lichtbrechung an Eiskristallen)
Mittlere Wolken	Altocumulus-, mittelhohe Haufenwolke oder grobe Schäfchenwolke	Ac	Weiß bis graue Wolkenballen oder -walzen, die zusammengewachsen sein können, meist leichte Schatten werfend
	Altostratus-, mittelhohe Schichtwolke	As	Hellgrau bis bläuliche, gleichmäßige Wolkenschichten, manchmal durchscheinend mit Lichthof der Sonne (Altostratus translucidus = As tr), dichtere bzw. mächtige Schichten grauer (Altostratus opacus = As op) Wolken. Aus letzteren können Niederschläge mit kleinen Tröpfchen fallen, die meist nicht den Boden erreichen
Tiefe Wolken	Stratocumulus-, Haufen- oder Schichtwolke	Sc	Grau mit weißlichen, aber auch dunkleren Flecken, manchmal aufgerissen, besteht aus flachen Schollen oder Ballen
	Stratus-, tiefe Schichtwolke	St	Graue, gleichförmige Wolkenschicht
	Cumulus-, Haufen- oder Quellwolke	Cu	Graue bis graublaue, flache Unterseite, Flanken oder Oberseite strahlend weiß, blumenkohlartige Auswölbungen, im frischen, d. h. aktiven Zustand des Aufquellens scharfe Ränder; Cumulus humilis (Cu hum = wenig entwickelte Haufenwolke) erscheint bei Schönwetterlagen (Schönwetterwolke) oft in großer Zahl um die Mittagszeit im tiefen Niveau und löst sich gegen Abend wieder auf
Wolken mit vertikalem Aufbau			Cumulus congestus (Cu con = mächtig aufquellende Haufenwolke) reicht bis ins mittlere, teilweise sogar höhere Niveau und ist oft Vorstufe von Cumulonimbus. Aus Cu con sind leichte Schauer möglich
	Cumulonimbus-, Schauer- oder Gewitterwolke	Cb	Schwarzgraue, an den Rändern aufhellende flache Unterseite, darüber mächtige, über alle drei Wolkenstockwerke aufquellende Wolkenmassen (in mittleren Breiten 4 – 7 km, höchstens 10 km, in den Tropen 6 – 10 km, höchstens 18 km). Die obersten Teile der Cb vereisen, fasern strähnig aus (Cumulonimbus capillatus = Cb cab = Cb behaart) und nehmen manchmal die Form eines Ambosses an (Cumulonimbus incus = Cb inc)
	Nimbostratus-, regnende Schichtwolke	Ns	Grau bis dunkelgraue, gleichmäßige, dichte Wolkenschicht, die sich über alle drei Wolkenstockwerke erstreckt

M6: Wolkenklassifikation der WMO

4.4.1 Niederschlagsbildung

Wenn sich Wassertropfen zu größeren Einheiten zusammenballen, entsteht Niederschlag, der unterschiedliche Formen annehmen kann. Ob Regen, Schnee, Hagel oder Graupel fällt, hängt davon ab, wie dieser Prozess im Detail abläuft.

Wolken allein machen noch keinen Niederschlag. Die in ihnen enthaltenen Wassertropfen sind um ein Vielfaches kleiner als Regentropfen. Normalerweise werden die Wolkentröpfchen durch Konvektion in der Schwebe gehalten. Auch wenn sich einzelne Tröpfchen aus der Wolken lösen und Richtung Erdoberfläche fallen, ist ihre Fallgeschwindigkeit meist so gering, dass sie vor Erreichen des Bodens bereits wieder verdunsten. Damit Wasser bis zur Erde fallen kann, müssen sich die Tröpfchen zu größeren Tropfen zusammenballen. Die Tropfen sind dann so schwer, dass der Einfluss der Erdanziehung stärker ist als der Auftrieb innerhalb der Wolke.

*Die Zusammenballung kleiner Wolkentröpfchen innerhalb von Wasserwolken wird als **Koagulation** bezeichnet. In einem ersten Schritt kollidieren dabei zunächst mehrere kleine Tropfen miteinander und vereinigen sich. Auf diese Weise entstehen größere Tropfen, an denen sich wiederum kleine Tröpfchen anheften, sodass abermals ein größerer Tropfen entsteht. Dieser Vorgang wiederholt sich so lange, bis das Gewicht den Wassertropfen nach unten zieht. In Misch- und Eiswolken läuft die Niederschlagsbildung etwas anders ab. Bei der **Sublimation** lagern sich freie Wassermoleküle an kalte Sublimationskerne – Aerosole oder kleinere Eiskristalle – an und gehen dabei direkt vom gasförmigen in den festen Zustand über.*
*In kurzer Zeit können aus den Sublimationskernen so große Kristalle entstehen, deren Umfang die ursprüngliche Größe um den Faktor 10 000 oder mehr übertrifft. Wenn sich statt freier Moleküle unterkühlte Tröpfchen an die Kristallisationskerne anlagern, **gefrieren** diese zu kompakteren Eiskörnern oder -klumpen, die deutlich schwerer sind und deshalb auch größere Fallgeschwindigkeiten erreichen.*

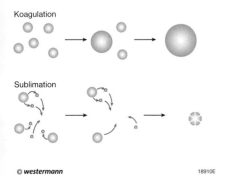

© *westermann*   18910E

M 1: Koagulation und Sublimation

M 2: Hagel bildet sich in Wolken mit hoher vertikaler Erstreckung.

In welcher Form der Niederschlag fällt, hängt nicht nur von der Art und Weise ab, wie sich Wassertropfen oder -moleküle zusammenballen, sondern auch von Bedingungen wie Wind, Fallgeschwindigkeit oder Temperatur. **Niesel- und Sprühregen** ist typisch für Wasserwolken (Stratuswolken) des unteren Wolkenstockwerks. Charakteristisch für diese Niederschlagsart ist die langsame Fallgeschwindigkeit und der geringe Tropfenradius. „Normaler" **Regen** mit größeren Tropfen und höherer Fallgeschwindigkeit benötigt für seine Entstehung Wolken mit einer hohen vertikalen Erstreckung, die sowohl Eiskristalle als auch Wassertröpfchen enthalten.

    Schnee entsteht durch Sublimation bei Temperaturen um 0 °C. Durch die stetige Anlagerung von Wasserdampf an Sublimationskerne bilden sich immer größere Schneekristalle, die sich schließlich zu **Schneeflocken** verbinden. Die Größe der Schneeflocken hängt von der Temperatur und der Luftfeuchtigkeit ab. Je kälter und trockener es ist, desto kleiner werden die Flocken. **Hagel** und **Graupel** bilden sich durch Gefrieren von unterkühltem Wasser an Eiskristallen.

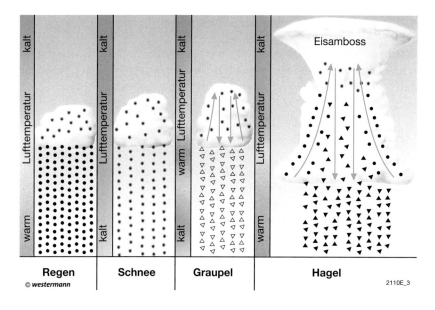

Regen | Schnee | Graupel | Hagel
© westermann

2110E_3

M3: Entstehung verschiedener Niederschlagsarten

Damit sie den Boden in gefrorenem Zustand erreichen, müssen die Körner eine bestimmte Größe erreichen. Auch die Länge des Weges von der Wolkenuntergrenze bis zum Boden und die Temperatur- und Feuchtigkeitsbedingungen innerhalb der durchquerten Luftschicht spielen eine Rolle bei dieser Form der Niederschlagsbildung. Hagel kann deshalb nur in Wolken entstehen, die sich über mehrere Wolkenstockwerke erstrecken. Zudem müssen innerhalb der Wolke starke Aufwinde herrschen, die auch große Körner mehrfach bis in große Höhen nach oben tragen, so dass sich immer wieder Wasser an die Eiskörner anlagern kann. Typische Hagelwolken sind Cumulonimbuswolken, wie sie etwa in einer Gewitterfront zu beobachten sind.

In den außertropischen Breiten ist der Feuchtegehalt der Luft für ein Tröpfchenwachstum nur über den Prozess der Kondensation zu gering. Voraussetzung für großtropfigen Regen ist ein Gemisch von Wassertröpfchen und Eis in einer Wolke. Über Eis herrscht ein geringerer Sättigungsdampfdruck als über Wasser gleicher Temperatur. Während über Eis die Luft schon gesättigt ist und zu kondensieren beginnt, kann über dem Wassertropfen noch Wasser verdunsten. In den höheren Wolkenbereichen befinden sich in einem Temperaturbereich zwischen − 10°C und − 35°C Wassertröpfchen und Eiskristalle nebeneinander. Der Wasserdampf geht also von den Tröpfchen zum Eis, die Eiskristalle wachsen. Wenn sie groß genug sind, beginnen sie zu fallen, kommen in wärmere Luftschichten und schmelzen zu Tropfen. Beim Ausfallen durch die Wolke werden in darunter liegenden Wolken weitere Tröpfchen aufgenommen, die die Größe und die Fallgeschwindigkeit weiter erhöhen. Dieser Prozess wird Bergeron-Findeisen-Prozess genannt.

«

M4: Quellentext zum Bergeron-Findeisen-Prozess
Kappas, M.: Klimatologie (2009)

1 Beschreiben Sie die Mechanismen von Koagulation und Sublimation bei der Niederschlagsbildung.
2 Erklären Sie detailliert die Entstehung der unterschiedlichen Niederschlagsarten mithilfe der zur Verfügung stehenden Materialien.
3 Erläutern Sie den Bergeron-Findeisen-Prozess mit den Begriffen zur Niederschlagsbildung.

4.4.2 Atmosphärische Schichtung

Warme Luft steigt auf, kühle Luft sinkt ab. Neben der Temperatur beeinflussen aber auch die Feuchtigkeit und die Eigenschaften der umgebenden Luftsäule das Aufstiegsverhalten eines Luftpaketes.

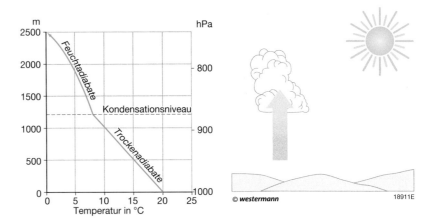

M1: Adiabatische Temperaturabnahme in der Atmosphäre

Wolkenbildung und Niederschlag sind an den Aufstieg von Luftpaketen gebunden. Die Vertikalbewegung hat zur Folge, dass sich die Luft infolge des höhenbedingten Druckabfalls ausdehnt. Auch der Abstand zur Erdoberfläche, die als Energiequelle Wärmestrahlung abgibt, nimmt zu. Infolgedessen kommt es zu einer Abkühlung der Luftmasse, die dazu führt, dass irgendwann der Taupunkt erreicht wird. Um diesen Zusammenhang zu verstehen, müssen wir noch einmal die beteiligen physikalischen Prozesse betrachten: Die Luftmoleküle innerhalb eines definierten Luftvolumens weisen ein bestimmtes Maß an Bewegungsenergie auf. Dehnt sich die Luft beim Aufstieg aus, vergrößert sich das Volumen. Wird keine zusätzliche Energie zugeführt, verteilt sich die vorhandene Energie also auf ein größeres Volumen. Der Energiegehalt pro Volumenmenge nimmt folglich ab. Da Wärme nichts anderes ist als die Bewegung von Materieteilchen, kommt es damit zu einer Abkühlung bei abnehmender Bewegungsenergie. Beim Aufstieg der Luft wird auch der Abstand zur Erdoberfläche, die als Energiequelle Wärmestrahlung abgibt, größer, was den Abkühlungseffekt noch steigert. Sinkt die Luft ab, passiert das Gegenteil: Die Luft zieht sich zusammen und nähert sich wieder der „Heizfläche" des Bodens. Die Bewegungsenergie pro Volumenmenge nimmt zu. Die Luft wird wärmer.

Prozesse, bei denen Gase ohne Energieaustausch mit der Umgebung ihr Volumen und ihre Temperatur ändern, werden als adiabatisch (griech.: a-diabatisch: nicht durchgehend) bezeichnet. Trockene Luft kühlt sich beim Anstieg ungefähr um 1°C pro 100 m ab. Sinkt die Luft ab, erwärmt sie sich um den gleichen Wert pro Höhenunterschied. Die höhenbedingte Temperaturänderung, **Temperaturgradient** genannt, verläuft also linear. Solche Prozesse werden als

adiabatisch

Beschreibt Vorgänge in der Atmosphäre, bei denen sich physikalische Eigenschaften wie Temperatur, Druck, Dichte oder Feuchtigkeit eines Luftpaketes infolge vertikaler Bewegung ändern, ohne dass ein Wärmeaustausch mit der Umgebung stattfindet.

M2: feuchtadiabatischer Temperaturgradient in Abhängigeit von Luftdruck und Temperatur (in K pro 100 m)

[°C] Lufttemperatur Luftdruck [hPa]	– 60	– 30	– 10	0	10	30
1000	0,98	0,94	0,78	0,66	0,54	0,37
600	0,98	0,91	0,69	0,55	0,44	0,30
200	0,98	0,76	0,46	0,35	0,29	0,22

Trockenadiabate bezeichnet. Steigt wasserdampfgesättige Luft auf, sieht die Sache anders aus: Die höhenbedingte Abkühlung sorgt dafür, dass der Wasserdampf kondensiert. Die dabei frei werdende Verdunstungswärme bewirkt, dass der Temperaturabfall beim weiteren Anstieg der Luft deutlich langsamer erfolgt. Man spricht in diesem Fall von feuchtadiabatischen Prozessen oder Feuchtadiabaten. Der feuchtadiabatische Temperaturgradient kann je nach Luftdruck und Temperatur Werte zwischen 0,9 und 0,3°C pro 100 Meter annehmen. Enthält die aufsteigende Luft Wasserdampf, dessen Sättigungsdampfdruck noch unterhalb 100 Prozent liegt, können folglich zwei Phasen unterschieden werden: So lange der Wasserdampf noch nicht kondensiert, verläuft die Temperaturabnahme trockenadiabatisch. Ist das Kondensationsniveau erreicht und der Wasserdampf kondensiert, setzt der feuchtadiabatische Prozess ein. Der Temperaturgradient verringert sich – so lange, bis schließlich immer weniger Wasserdampf vorhanden ist und die Temperaturkurve sich wieder dem trockenadiabatischen Gradienten annähert.

Trockenadiabate

Vertikale Bewegung von Luft, die nicht mit Wasserdampf gesättigt ist. Beim trockenadiabatischen Aufstieg nimmt die Temperatur (linear) um 1 °C pro 100 m ab.

Feuchtadiabate

Vertikale Bewegung von Luft, die mit Wasserdampf gesättigt ist. Beim feuchtadiabatischen Aufstieg nimmt die Temperatur (nicht linear) zwischen etwa 0,3 und 0,9 °C pro 100 m ab.

I stabile Schichtung bei Inversion

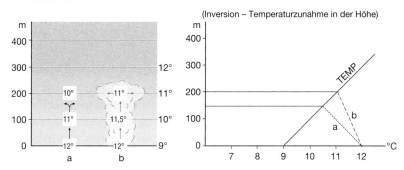

II stabile Schichtung bei Isothermie

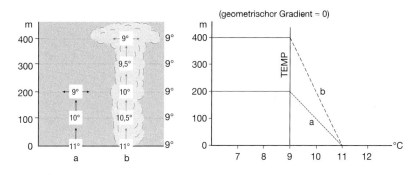

Die Pfeile auf der linken Seite der Abbildung zeigen die Bewegungsrichtung der Luft an. Auf der rechten Seite steht TEMP für den Temperaturverlauf in der Luftsäule, a) steht für Trockenadiabate, b) für Feuchtadiabate.

III trockenstabile aber feuchtindifferente Schichtung

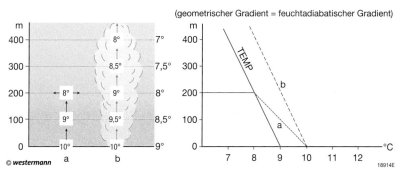

© *westermann*

18914E

M3: Beispiele für Schichtzustände in der Atmosphäre

Ob ein Luftpaket aufsteigt oder absinkt, hängt von der Umgebungstemperatur ab. Ist das Luftpaket wärmer als die Umgebung, steigt es auf. Ist die Temperatur der umgebenden Luft höher, sinkt das Luftpaket ab. Dieses Prinzip macht man sich beispielsweise bei der Fahrt mit einem Heißluftballon zunutze: Damit der Ballon aufsteigt, muss die Luft in seinem Innern wärmer sein als die der Umgebung. Ist die Umgebungsluft wärmer als das Balloninnere, sinkt der Ballon.

Um das Aufstiegsverhalten einer Luftmasse beschreiben zu können, muss man also nicht nur dessen adiabatischen Temperaturgradienten kennen, sondern auch den Temperaturgradienten der umgebenden Luftsäule. Fällt die Temperatur in der umgebenden Luftsäule langsamer ab als in der aufsteigenden Luftmasse, dann dauert der Aufstieg des Luftpakets nur so lange, bis das Luftpaket kälter geworden ist als seine Umgebung. Eine Luftsäule, deren eigener Temperaturgradient bewirkt, dass der Aufstieg eines Luftpakets irgendwann gestoppt wird, bezeichnet man als **stabil geschichtet**. Liegt die Temperatur innerhalb des Luftpakets hingegen immer höher als in der umgebenden Luftsäule, spricht man von **labiler Schichtung**. Die Luftmasse steigt in diesem Fall kontinuierlich auf. Beide Arten der Schichtung treten sowohl bei Trockenadiabaten (trockenstabil, trockenlabil) als auch bei Feuchtadiabaten (feuchtstabil, feuchtlabil) auf.

Wie bereits in Kapitel 3 beschrieben, fällt die Temperatur innerhalb der Troposphäre normalerweise mit zunehmender Höhe kontinuierlich ab, im Mittel etwa um 0,6°C pro 100 Meter. Es gibt aber auch Ausnahmen von dieser Regel. So kann der Temperaturabfall innerhalb einer bestimmten Luftschicht langsamer erfolgen oder sogar ganz zum Stillstand kommen. Die Lufttemperatur bleibt in diesem Fall über eine gewisse Höhendistanz gleich. Dieses Phänomen wird als **Isothermie** bezeichnet. Unter bestimmten Umständen kann es auch passieren, dass sich der Temperaturverlauf umkehrt: Mit zunehmender Höhe nimmt die Temperatur wieder zu. Man spricht von einer **Inversion**. Bei der Beschreibung des vertikalen Temperaturverlaufs der Atmosphäre haben wir dieses Phänomen bereits kennen gelernt. Eine Inversion bremst den Aufstieg eines Luftpakets, da dessen Temperatur in diesem Fall immer niedriger ist als die der umgebenden Luftsäule. Die Inversion wirkt damit wie ein Sperrriegel für den vertikalen Luftaustausch. Das kann dazu führen, dass Dunst und verunreinigte Luft über einer Stadt nicht mehr noch oben abziehen können. Die dabei entstehende

stabile Schichtung
Eine Luftsäule ist stabil geschichtet, wenn ein Luftpaket beim adiabatischen Aufstieg kälter wird als die Umgebungsluft. Der Aufstieg des Luftpakets wird gestoppt.

labile Schichtung
Eine Luftsäule ist labil geschichtet, wenn ein Luftpaket beim adiabatischen Aufstieg immer wärmer bleibt als die Umgebungsluft. Der Aufstieg des Luftpakets wird nicht gestoppt.

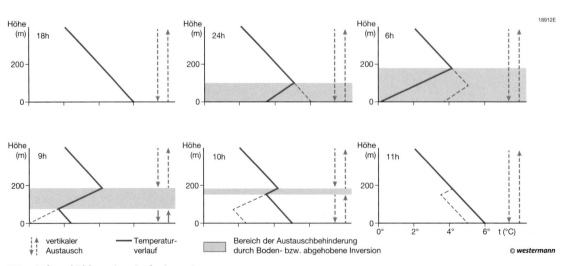

M 1: Auf- und Abbau einer Bodeninversion

M2: Inversionswetter-
lage: Die obere wärmere
Luftschicht verhindert ein
Aufsteigen der Wolken.

Mischung aus feuchter Luft, Staub, Abgasen und Rauch wird als Smog (aus engl. Smoke/Rauch und Fog/Nebel) bezeichnet. In zahlreichen Industriestädten mit hoher Luftfeuchtigkeit wie London oder Mexiko-Stadt stellt das Auftreten von Smog bei Inversionswetterlagen ein ernstes Problem für die Gesundheit der Einwohner dar.

Inversionen können auf unterschiedliche Art entstehen. **Bodeninversionen** bilden sich, wenn die Luft nachts über dem Boden stärker abkühlt als in den darüber liegenden Luftschichten oder wenn sich schwere Kaltluft in Boden-senken oder Tälern sammelt. **Absinkinversionen** entstehen, wenn kalte Luft in Hochdruckgebieten aus höheren Luftschichten absinkt (Kältehoch). Auf ihrem Weg nach unten trifft die absinkende, sich erwärmende Luft auf die adiabatisch vom Boden aufsteigende, kühler werdende Luft. Infolge unterschiedlicher Temperaturgradienten kommt es beim Aufeinandertreffen beider Luftpakete zu einem „Temperatursprung". Vor allem im Winter liegen die Temperaturen in dieser Schicht dann häufig höher als am Boden.

Smog
Der Begriff setzt sich aus den englischen Bezeich-nungen „fog" (Nebel) und „smoke" Rauch zusammen und bezeichnet eine erhöhte Luftschadstoffkonzentration über einem dicht besiedelten Gebiet. Ausgelöst werden kann Smog durch eine Inversions-wetterlage, die den Austausch von niederen und höheren Luftschichten und damit das Abströmen schadstoffhaltiger Luft verhindert.

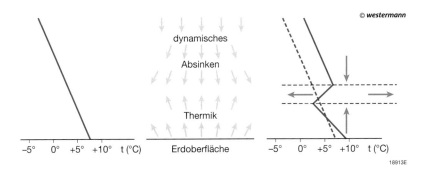

dynamisches
Absinken
Thermik
Erdoberfläche

© westermann

18913E

M3: Bildung einer Absink-inversion

1 Erläutern Sie feucht- und trockenadiabatische Prozesse mithilfe von M1, S. 62.
2 Zeichnen Sie mithilfe von M2, S. 62, ein Diagramm zum Verlauf des feuchtadiabatischen Temperatur-gradienten (x-Achse: Temperatur, y-Achse: Temperaturgradient) bei unterschiedlichem Luftdruck.
3 Erläutern Sie die Schichtzustände der Atmosphäre anhand von M3, S. 63.
4 Beschreiben Sie die Bildung einer nächtlichen Bodeninversion mithilfe von M1, S. 64.

Das Wasser in der Atmosphäre

Der Wasserkreislauf

Die Wasservorräte der Erde verteilen sich auf verschiedene Speicher, die zum Großteil regelmäßig ausgetauscht werden. Nur ein Tausendstel der Gesamtwassermenge entfällt auf die Atmosphäre. Das atmosphärische Wasser wird rund 40 Mal im Jahr ausgetauscht. Dahinter steht ein Prozess, der als globaler Wasserkreislauf bezeichnet wird: Wasser aus den Ozeanen und vom Festland verdunstet in die Atmosphäre. Es bilden sich Wolken, die auf die Kontinente getrieben werden und dort die gespeicherte Feuchtigkeit als Niederschlag wieder abgeben. Ein Teil des Niederschlags versickert. Mehr als 95 Prozent fließen über Flüsse und Ströme wieder dem Meer zu, wo der Kreislauf dann von Neuem beginnt.

Verdunstung

Um eine Flüssigkeit zum Verdunsten zu bringen, muss Energie aufgewendet werden – die so genannte Verdunstungswärme. Die Verdunstungswärme von Wasser ist größer als bei jeder anderen Flüssigkeit. Es sind also enorme Energiebeträge erforderlich, um flüssiges Wasser in Wasserdampf umzuwandeln. Umgekehrt wird sehr viel Energie frei, wenn Wasserdampf zu Wasser kondensiert. Im globalen Maßstab werden auf diese Weise riesige Energiemengen freigesetzt. Wasser, seine Verdunstung und Kondensation spielen deshalb eine wichtige Rolle im Klimageschehen.

Luftfeuchtigkeit

Der Grad der relativen Luftfeuchte entscheidet darüber, wie viel Wasser die Atmosphäre noch aufnehmen kann und wann Wasserdampf wieder zu flüssigem Wasser kondensiert. Ist die maximale Aufnahmekapazität erreicht, spricht man von Sättigung. Die Wasseraufnahmefähigkeit der Luft variiert mit der Temperatur: Warme Luft kann mehr Wasser aufnehmen als kalte Luft. Wenn ungesättigte Luft abkühlt, verringert sich also deren Wasseraufnahmekapazität. Der Taupunkt beschreibt die Temperatur, bei der Wasserdampf kondensiert. Die Temperatur nimmt in der Troposphäre normalerweise mit der Höhe ab. Das Kondensationsniveau beschreibt die Höhe, bei der der Taupunkt erreicht wird.

Wolken und Niederschlag

Wolken entstehen, wenn der Taupunkt erreicht ist. Dies geschieht in der Regel, wenn die Luft angehoben wird und dabei abkühlt. Darüber hinaus müssen in der Atmosphäre winzige Festkörper enthalten sein, an denen sich die Wassermoleküle zu Tröpfchen zusammenballen können, so genannte Kondensationskerne. Die in den Wolken enthaltenen Wassertröpfchen sind um ein Vielfaches kleiner als Regentropfen und werden durch Konvektion in der Schwebe gehalten. Damit Wasser bis zur Erde fallen kann, müssen sich diese Tröpfchen zu größeren Tropfen zusammenballen. Dieser Vorgang wird als Koagulation bezeichnet. Erst wenn die Tröpfchen so schwer sind, dass der Einfluss der Erdanziehung stärker ist als der Auftrieb innerhalb der Wolke, bildet sich Niederschlag, der bis zur Erdoberfläche fällt.

Aufgaben

1 Erläutern Sie die Phasenübergänge des Wassers und beschreiben Sie, welche Rolle die beteiligten Prozesse bei der Bildung von Wolken und der Entstehung verschiedener Niederschlagsarten haben.
2 Beschreiben Sie, welche Mechanismen dafür sorgen, dass zwischen den Wasserspeichern der Erde ein Austausch besteht.
3 Beschreiben Sie den Zusammenhang von Volumen, Temperatur und atmosphärischer Schichtung.
4 Erläutern Sie den Einfluss atmosphärischer Schichtzustände auf Wolkenbildung und Niederschlag.

Grundbegriffe

Advektion
Sublimation
Evaporation
Transpiration
Landschaftsverdunstung
potenzielle Verdunstung
Sättigungsdampfdruck
Taupunkt
adiabatisch
stabile/labile Schichtung
Inversion

Die Allgemeine Zirkulation der Atmosphäre

Die Intensität der solaren Einstrahlung ist in den niederen Breiten deutlich höher als in den höheren Breiten. Die äquatorialen und polwärts gelegenen Regionen der Erde werden deshalb unterschiedlich stark mit Energie versorgt. Dieses Energiegefälle bildet den Antrieb für ein den gesamten Globus umspannendes Luftzirkulationssystem. Innerhalb dieses Systems bilden sich charakteristische Wind- und Druckgürtel aus, die für die typischen Luftströmungen der Tropen, der Mittleren Breiten und der Polarzonen verantwortlich sind.

Die Erdoberfläche umspannt ein System charakteristischer Wind-gürtel. Den Antrieb dieser Luftströmungen bildet die systematische Verteilung von Tief- und Hochdruckzonen rund um den Globus. Deren Stärke, Ausdehnung und Position verändert sich teilweise mit den Jahreszeiten.

Innertropische Konvergenz-zone (ITCZ)
*Die Erde umspannende Zone, an der SO- und NO-Passat zu-sammenströmen. Die Position der ITCZ ist abhängig vom Son-nenstand. Im Bereich der ITCZ kommt es zum Aufstieg von Luftmassen, die in Bodennähe für niedrigen Luftdruck sorgen. Diese von der ITCZ nachge-zeichnete erdumspannende Zone niedrigen Luftdrucks wird als **äquatoriale Tiefdruckrinne** bezeichnet.*

In der Klimatologie wird das globale System der erdumspannenden Wind- und Luftdruckgürtel als **Allgemeine Zirkulation der Atmosphäre** bezeichnet. Sche-ma M 2 zeigt in einem vereinfachten Modell die grundlegenden Komponenten dieses Systems in Bodennähe. Zentrales Element der globalen Zirkulation ist die Innertropische Konvergenzzone (ITCZ), ein Bereich mit tiefem Luftdruck in den inneren Tropen, der den gesamten Globus umspannt. Die ITCZ besitzt keine feste Position, sondern verändert ihre Lage mit den Jahreszeiten in Nord-Süd-Richtung. Gebildet wird die ITCZ durch das Aufsteigen warmer Luftmassen als Folge des Energieüberschusses in Äquatornähe. Die Lage der ITCZ kennzeich-net die Zonen der Erde, in denen die Energieeinstrahlung am intensivsten ist. Dadurch bedingt sind auch die Summen aus fühlbarer und latenter Wärme hier am höchsten.

Nördlich und südlich der ITCZ wehen die **Passatwinde**. Dabei handelt es sich um ausgesprochen stabile Luftströmungen, die auf der Nordhalbkugel aus Nordost (NO-Passat), auf der Südhalbkugel aus Südost (SO-Passat) Richtung Äquator wehen und an der ITCZ zusammentreffen. Zur Zeit der Segelschifffahrt galten die Passatzonen wegen ihrer stabilen Windverhältnisse als verlässliche Handelsrouten. Noch heute erinnerte die englische Bezeichnung „Tradewinds" (Handelswinde) an diese Funktion. Die Passate sind normalerweise trocken und bringen nur wenig oder gar keine Niederschläge. Auf dem Festland kommt es in dieser Zone häufig zur Wüstenbildung (**Wendekreiswüsten**). Die Kalahari im südlichen Afrika und große Teile der Sahara galten als Wendekreiswüsten. Polwärts der Passatzone, etwa auf Höhe der Wendekreise, liegt der Bereich der subtropisch-randtropischen Hochdruckzellen. Dabei handelt es sich nicht um ein geschlossenes, den Globus umspannendes Druckgebilde, sondern vielmehr um einzelne Hochdruckgebiete, die weit in die Troposphäre hinaufreichen. Das Druckgefälle zwischen den subtropischen Hochdruckzellen und den niedrigen Druckverhältnissen, die im Bereich der ITCZ herrschen, bildet den Antrieb für die Passatströmung.

M1: Die Kalahari: eine Wendekreiswüste

M2: Druck- und Windsysteme der Erde in schematischer Darstellung

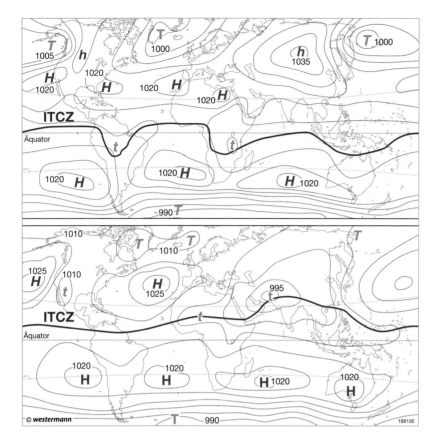

Die Großbuchstaben zeigen dynamische Luftdruckzentren an, die Kleinbuchstaben thermische Druckzentren.

M3: Mittlerer Bodenluftdruck im Januar und Juli mit Innertropischer Konvergenzzone (ITCZ)

Die subtropischen Hochdruckzellen kennzeichnen die klimatische Grenze zu den polwärts gelegenen Mittelbreiten. Im Gegensatz zu den Tropen sind die Windverhältnisse in dieser Region weitaus wechselhafter als in den Tropen. Die Westwindzone der Mittelbreiten – auch **außertropischer Westwindgürtel** genannt – markiert den Bereich, in dem tropische Warmluft und polare Kaltluft aufeinandertreffen. Prinzipiell dominiert hier eine Westwindströmung, die jedoch weit weniger stetig und verlässlich ausgeprägt ist als die Passatströmung. In höheren Breiten treffen die noch relativ warmen Luftmassen der Mittelbreiten auf die kalte Polarluft.

Die Grenze zwischen beiden Zonen bildet die Polarfront, eine schmale Zone mit relativ niedrigem Luftdruck, die sich als geneigte Fläche vertikal durch die ganze Troposphäre bis zur Tropopause um den Globus erstreckt. Die Position der Polarfront ist nicht stabil, sondern unterliegt gleichfalls jahrzeitlichen Schwankungen. Sie verläuft nicht parallel zu den Breitenkreisen, sondern wird durch eine dynamische Wellenform charakterisiert, wobei dich die Position der wellenförmigen Ausbuchtungen nach Norden und Süden stetig verändert. In Richtung der Pole steigt der Luftdruck langsam wieder an und geht in das **polare Hoch** über. Die Überganszone ist durch kalte Ostwinde gekennzeichnet, die anlog den Passaten durch das Druckgefälle zwischen Polarhoch und **subpolarer Tiefdruckrinne** angetrieben werden.

Polarfront
Luftmassengrenze zwischen warmer tropisch-subtropischer und kalter Polarluft

1 **Analysieren Sie die jahreszeitlichen Schwankungen des Bodenluftdrucks anhand von Karte M 3.**
2 **Beschreiben die jahreszeitlichen Änderungen im Verlauf der ITCZ und erklären sie die „Ausschläge" nach Süden während des südhemisphärischen Sommers über dem Festland (Januar).**

Die Kugelform der Erde sorgt dafür, dass zwischen äquatorial und polwärts gelegenen Regionen ein Strahlungs-Ungleichgewicht besteht. Das daraus entstehende Energiegefälle bildet den Antrieb für die Allgemeine Zirkulation der Atmosphäre.

Mit zunehmender geographischer Breite verringert sich die mittägliche Höhe des Sonnenstandes. Infolgedessen werden auch die Jahressummen der Globalstrahlung mit zunehmender Entfernung vom Äquator kleiner – je höher der Breitengrad, desto weniger Strahlung genießt die betreffende Region. Um differenzierte Aussagen über die Energieversorgung unterschiedlicher Zonen machen zu können, muss man jedoch nicht nur die Unterschiede in der Globalstrahlung betrachten, sondern auch die globale Verteilung der Strahlungsbilanz. Dabei zeigt sich, dass zwischen hohen und niederen Breiten ein Strahlungsbilanz-Ungleichgewicht herrscht. Während in der Region zwischen Äquator und 40. nördlichen beziehungsweise südlichen Breitengrad mehr solare Strahlung ankommt, als abgegeben wird, weisen die polwärts gelegenen Gebiete ein Strahlungsdefizit auf: Der Strahlungsverlust überwiegt dort den Strahlungsgewinn. Dieser Effekt ist umso stärker, je weiter wir uns vom Äquator entfernen.

Aus den Strahlungsbilanzwerten lassen sich die entsprechenden Lufttemperaturwerte für die jeweilige Region ableiten. Vergleicht man diese errechneten Werte mit den tatsächlichen, zeigt sich ein überraschender Effekt: Die realen Temperaturdifferenzen zwischen Defizit- und Überschussregionen sind weitaus weniger extrem als die errechneten. In den äquatornahen Regionen ist es weniger heiß, an den Polen weniger kalt, als theoretisch zu erwarten wäre. Es muss also ein Wärmeaustausch zwischen hohen und niederen Breiten stattfinden, der dafür sorgt, dass die Luft in den Tropen und Randtropen abgekühlt und in den Mittelbreiten und Polarzonen erwärmt wird. Ein solcher Wärmeaustausch erfolgt sowohl über die Ozeane als auch über die Atmosphäre. In den Ozeanen dienen die großen Meeresströmungen wie der Nordatlantikstrom als „Förderbänder", auf denen Wärme aus den niederen in die hohen Breiten transportiert wird. In der Atmosphäre erfüllen erwärmte Luft und Wasserdampf diesen Zweck als fühlbarer und latenter Wärmetransport.

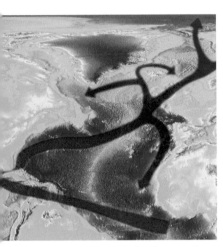

M1: Nordatlantikstrom: Der Strömungsverlauf mit seinen Verzweigungen ist in der oberen Bildhälfte gut zu erkennen.

Nordatlantikstrom
Warme Meeresströmung, die als Verlängerung des Golfstroms Wärme aus den Tropen bis nach Nordeuropa transportiert. Der Nordatlantikstrom hat wesentlichen Einfluss auf das Klima Nord- und Mitteleuropas, das durch deutlich mildere Temperaturen gekennzeichnet ist als andere Regionen desselben Breitengrades.

M2: Meridionalschnitt der mittleren Strahlungsbilanz mit Überschuss- und Defizitgebieten und möglicher thermischer Ausgleichszirkulation

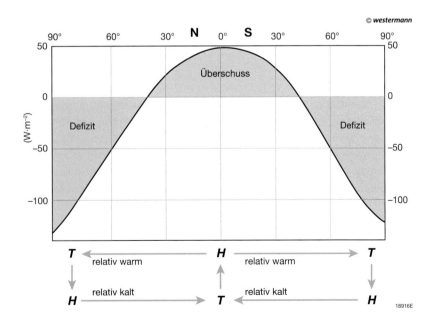

Geographische Breite	0°	10°	20°	30°	40°	50°	60°	70°	80°	90°
t_{zonal} berechnet/°C	39	36	32	22	8	−6	−20	−32	−41	−44
t_{zonal} beobachtet/°C	26	27	25	20	14	6	−1	−9	−18	−22
$\Delta t_{beobachtet - berechnet}$/K	−13	9	−7	−2	6	12	19	23	23	22

M3: Zonal ermittelte oberflächennahe Lufttemperatur: Den auf Basis der Strahlungsbilanz berechneten Werte sind die gemessenen Werte gegenüber gestellt.

»

Nicht nur die Luftströmungen sorgen für den Ausgleich zwischen den warmen äquatorialen Breiten und den kalten Polargebieten, sondern auch die Meeresströmungen. Diese sind – gesteuert durch die Zirkulation der subtropischen Hochdruckzellen – grundsätzlich so orientiert, dass an den Ostküsten der Kontinente das warme Wasser Richtung Pol fließt und an den Westküsten das kalte Wasser Richtung Äquator. So strömt das warme Wasser des Golfstroms an der Ostküste Nordamerikas nach Norden, biegt bei Neufundland nach Nordosten ab und erreicht die Westküste Irlands und Norwegens. Deshalb bleiben die Häfen in Norwegen selbst im kältesten Winter eisfrei und an der Südküste Irlands wachsen Palmen. Gleichzeitig fließt das kalte Wasser an der europäischen Atlantikküste zurück zum Äquator. Das hat zur Folge, dass die Wassertemperaturen bei den Kanaren das ganze Jahr über zwischen 21 °C und 23 °C liegen, während sie auf gleicher geographischer Breite bei den Bermudas zwischen 23 °C und 26 °C betragen. Die beiden Transportsysteme Luft und Wasser funktionieren aber nicht unabhängig voneinander, sondern sind über die Meeresoberfläche auf komplizierte Weise miteinander gekoppelt. Erst in den letzten Jahren ist es gelungen, die Kopplungsprozesse richtig zu verstehen und in Wetter und Klimamodelle einzubauen.

«

M4: Quellentext zur klimatischen Funktion der Meeresströmungen
Walch, D. u. Frater, H.: Wetter und Klima (2004)

Sichtbarer Ausdruck des Austauschs von Luft und Wasserdampf über die Atmosphäre sind die Wind- und Drucksysteme der Allgemeinen Zirkulation der Atmosphäre, deren Grundzüge im vorherigen Kapitel beschrieben wurden. Der Wärmetransport über erwärmte Luft wird als **fühlbarer Wärmestrom** beschrieben, der Wärmetransport mittels Wasserdampf als **latenter Wärmestrom**. Erwartungsgemäß liegt die Quelle des latenten Wärmestroms – der Bildung von Wasserdampf – hauptsächlich über den tropischen Meeren. Fühlbare Wärme entsteht in großem Maßstab vor allem über den Kontinenten, durch Erwärmung der Luft über den Festlandmassen der Tropen und Randtropen.

fühlbarer Wärmestrom
Transport von Wärme durch die räumliche Verlagerung von warmen Luftmassen. Der Energiefluss wird als fühlbar bezeichnet, da er mit den Sinnesorganen wahrnehmbar ist.

latenter Wärmestrom
Wird Wasserdampf räumlich verlagert und kondensiert anschließend wieder zu flüssigem Wasser, so gibt er die zuvor bei der Verdunstung aufgewandte und gespeicherte (latente) Energie an dem betreffenden Ort wieder ab. Diese Form des Energieflusses wird als latenter Wärmestrom bezeichnet.

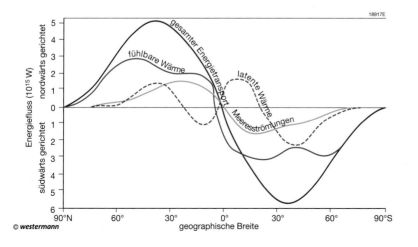

© westermann

M5: Meridionalschnitt der globalen Energieflüsse

M1: Der Aufstieg warmer Luftmassen mit hohem Wasserdampfanteil führt in den niederen Breiten zur Bildung von Wolkentürmen (Cumulonimbus), die bis in die oberen Bereiche der Troposphäre hinaufreichen können.

Einzellen-Modell
Einfaches theoretisches Modell der Allgemeinen Zirkulation der Atmosphäre mit je einer Zirkulationszelle auf der Nord- und Südhemisphere. Durch die Zellen werden bodennahe Luftmassen von den höheren in Richtung niedere Breiten transportiert, in der Höhe in umgekehrter Richtung.

Um den Transport von latent und fühlbar warmer Luft von den niederen in die höheren Breiten in Gang zu halten, muss ähnlich wie bei einem Heizkreislauf wieder ein Rückfluss Richtung Äquator stattfinden. Dort wird die Luft dann abermals aufgeheizt und der Prozess beginnt von Neuem. In Schaubild M 2 ist dieser Vorgang schematisch dargestellt. Das dahinter stehende theoretische Zirkulationsmodell wird als Einzellen-Modell bezeichnet: Das Strahlungsungleichgewicht zwischen hohen und niederen Breiten bewirkt, dass sich auf jeder Hemisphäre eine großräumige Zirkulationszelle bildet, deren Strömungsrichtung entlang den globalen Luftdruckunterschieden parallel zu den Längengraden verläuft. Das Einzellen-Modell entspricht in gewisser Hinsicht den Mechanismen, die wir im kleineren Maßstab bereits im Rahmen von Land- und Seewindsystemen (siehe Kap. 3.4) kennen gelernt haben. Hier wie dort bilden Hitzetief und Kältehoch die Antriebsmechanismen für ein zirkuläres Windsystem mit einer bodennahen Strömung von kalten Gebieten mit hohem Luftdruck zu wärmeren Regionen mit niedrigem Luftdruck und einer Höhenströmung in umgekehrter Richtung, wobei in diesem Fall das Hitzetief der äquatorialen Tiefdruckrinne im Bereich der ITCZ entspricht und das Kältehoch dem Polarhoch. Im Unterschied zum Land-Seewindsystem kommt es beim globalen Einzellen-Modell jedoch nicht zu einem periodischen Wechsel der Windrichtung. Ein derartiges Windsystem, dessen Ausrichtung ausschließlich durch Luftdruckunterschiede bestimmt wird,

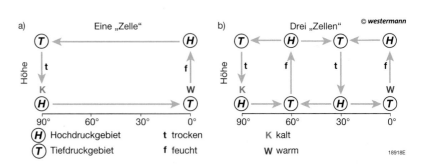

M2: Schema des Ein- und Drei-Zellenmodells

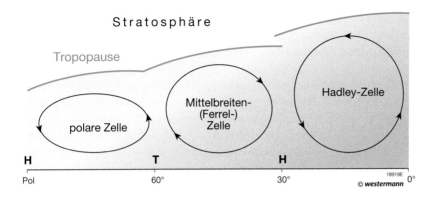

Stratosphäre

Tropopause

Hadley-Zelle

Mittelbreiten-
(Ferrel-)
Zelle

polare Zelle

H   T   H

Pol   60°   30°   0°

18919E
© **westermann**

M3: Meridionalzirkulation zwischen Pol und Äquator in schematischer Darstellung

bezeichnet man in Anlehnung an den deutschen Mathematiker und Physiker Leonhard Euler als Euler-Wind.

Gäbe es keine Erdrotation, hätte man mit dem Euler-Wind des Einzellen-Modells ein gutes Abbild der globalen Strömungsverhältnisse. Ein Vergleich dieses Modells mit den Grundzügen der Allgemeinen Zirkulation der Atmosphäre zeigt jedoch, dass die darin enthaltenen theoretischen Vorstellungen offensichtlich nicht ausreichen, um die tatsächliche globale Verteilung der Wind- und Luftdruckgürtel und deren Ausrichtung realitätsnah zu beschreiben. Der wichtigste Unterschied besteht darin, dass das Druckgefälle zwischen äquatorialer Tiefdruckrinne und Polarhoch durch eine weitere Hochdruckzone, die subtropischen Hochdruckzellen, und eine zweite Tiefdruckzone, die subpolare Tiefdruckrinne, unterbrochen wird. Um die realen Luftdruckverhältnisse besser zu beschreiben, muss die Zirkulationszelle des Einzellen-Modells also noch einmal an zwei Stellen unterteilt werden. Aus dem ursprünglichen Einzellen-Modell entsteht so ein **Dreizellen-Modell**.

Den tatsächlichen Verhältnissen der Allgemeinen Zirkulation der Atmosphäre mit den drei großen hemisphärischen Windgürteln – Passatzone, außertropischer Westwindgürtel und polare Ostwinde – kommt dieses Modell deutlich näher. Legt man einen meridionalen Profilschnitt durch die Windsysteme einer Hemisphäre, findet sich tatsächlich eine Entsprechung des Dreizellenmodells in Gestalt dreier großer meridionaler Zirkulationszellen. Vom Äquator polwärts sind das: die **Hadley-Zelle**, die Mittelbreiten- oder **Ferrel-Zelle** und die **polare Zelle**. Auch im Dreizellen-Modell verlaufen die theoretischen Windrichtungen ausschließlich längenkreisparallel entlang des Druckgefälles zwischen den Hoch- und Tiefdruckgürteln einer Hemisphäre. Die Windverhältnisse der Allgemeinen Zirkulation der Atmosphäre sind jedoch deutlich komplizierter. Die wahren globalen Strömungsverhältnisse lassen sich also auch mit dem Dreizellen-Modell noch nicht hinreichend erklären. Hierfür ist eine genauere Betrachtung der Strömungsgesetze erforderlich, die den Einfluss der Erdrotation und der Reibungskräfte der Erdoberfläche mit einbezieht.

Euler-Wind
Wind, dessen Ausrichtung ausschließlich auf dem Luftdruckgefälle zwischen Zonen mit hohem und solchen mit niedrigem Luftdruck beruht.

Meridional
Eine meridionale Luftströmung weht entlang eines Meridians, also senkrecht zum Äquator.

1 Erläutern Sie anhand von M 2, S. 70, den Zusammenhang zwischen Strahlungsbilanz, geographischer Breite und meridionalem Wärmeaustausch.

2 Begründen Sie mithilfe von Tabelle M 3, S. 71, die Existenz eines meridionalen Wärmeaustauschs.

3 Analysieren Sie den Verlauf der meridionalen Wärmeflüsse anhand von M 4, S. 71.

4 Erläutern die mithilfe von M 2, S. 72, das Ein- und Dreizellen-Modell und bewerten Sie die Modelle auf der Grundlage der realen Druck- und Windgürtel der Erde.

Neben den Druckunterschieden wirken noch weitere Kräfte auf die Luftmassen ein. Die Strömungsrichtung großräumiger Windsysteme verläuft deshalb nicht direkt entlang des Luftdruckgefälles, sondern schräg oder sogar parallel zu den Isobaren.

Im vorigen Kapitel haben wir das solare Strahlungsungleichgewicht als Antrieb für die Allgemeine Zirkulation der Atmosphäre identifiziert. Um zu verstehen, welche Prozesse die Entstehung von Windsystemen auslösen, muss man sich klar machen, dass räumliche Unterschiede in der Strahlungsbilanz ein Druckgefälle verursachen. Die daran beteiligten Mechanismen wurden bereits in Kapitel 3.4. erläutert. Um die Druckunterschiede auszugleichen, strömen die Luftmassen vom hohen Luftdruck zum niedrigen Luftdruck. Je größer der Luftdruckunterschied, desto stärker ist die horizontale Luftbewegung. Wir nehmen diese als Wind wahr.

Der Verlauf des Luftdruckgefälles wird als **Luftdruckgradient** bezeichnet und üblicherweise in Hektopascal pro Kilometer angegeben. Auf einer Wetterkarte lässt sich die Stärke des Luftdruckgradienten an den Isobaren ablesen. Je weiter die Isobaren auseinander liegen, desto schwächer ist der Gradient. Eng stehende Isobaren zeigen einen starken Gradienten an und lassen auf starke Luftbewegungen schließen. Die Kraft, die bewirkt, dass sich Luftpakete horizontal in Bewegung setzten, heißt **Gradientkraft**. Wäre ausschließlich die Gradientkraft wirksam, dann würde sich die Luft gradlinig vom Hochdruckgebiet Richtung Tiefdruckgebiet bewegen. Die Windrichtung stünde damit immer senkrecht zu den Isobaren. Ein solcher Wind wird als ageostrophisch bezeichnet. Ein Beispiel für einen **ageostrophischen Wind** ist der im vorigen Kapitel beschriebene Euler-Wind

Betrachtet man die Allgemeine Zirkulation der Atmosphäre, zeigt sich, dass die Ausrichtung der darin beschriebenen großräumigen Windsysteme in der Regel nicht senkrecht, sondern schräg oder parallel zu den Isobaren verläuft. Neben der Gradientkraft müssen also noch weitere Kräfte auf die Luftmassen einwirken und die Windrichtung verändern. Besondere Bedeutung hat in diesem Zusammenhang die Erdrotation: Infolge der Kugelform der Erde beträgt der Weg, den ein Punkt am Äquator innerhalb von 24 Stunden zurücklegt rund 40 000 km. Am Pol ist der Weg gleich Null. Damit nimmt die Geschwindigkeit,

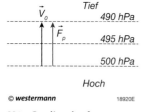

© *westermann*   18920E

M1: Gradientkraft

ageostrophisch
Bezeichnung für eine Luftströmung senkrecht zu den Isobaren, bei der es zu einem direkten Ausgleich der Druckunterschiede kommen kann

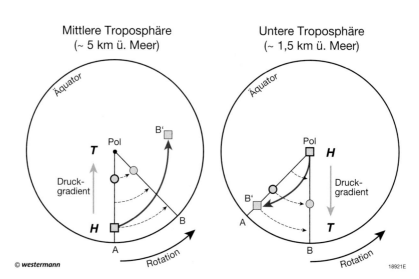

M2: Einfluss der Erdrotation auf die Luftströmung

© *westermann*

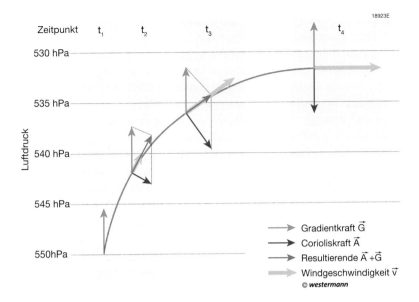

Zeitpunkt t₁ t₂ t₃ t₄

Gradientkraft $\vec{G}$
Corioliskraft $\vec{A}$
Resultierende $\vec{A} + \vec{G}$
Windgeschwindigkeit $\vec{v}$
© westermann

M3: Entstehung des geostrophischen Windes

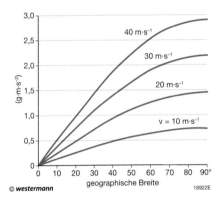

© westermann

M4: Corioliskraft in Abhängigkeit von Windgeschwindigkeit und geographischer Breite

mit der sich die Erde dreht, vom Äquator – mit etwa 465 Metern pro Sekunde – Richtung Pol stetig ab. Das gilt nicht nur für die Erdoberfläche selbst, sondern auch für die Luftteilchen in der darüber liegenden Atmosphäre. Bewegt sich nun ein Luftteilchen vom Äquator nordwärts Richtung Pol, behält es infolge der Massenträgheit seine ursprüngliche Rotationsgeschwindigkeit und -ausrichtung bei. Das bedeutet: Wenn das Teilchen vom Äquator kommend auf dem zehnten Breitengrad ankommt, bewegt es sich hier immer noch mit etwa 465 Metern pro Sekunde in Rotationsrichtung. Damit eilt das Teilchen der Erdoberfläche, die sich an dieser Stelle lediglich mit etwa 458 Metern pro Sekunde bewegt, bereits ein gutes Stück voraus. Beim 20. Breitengrad ist die Bahngeschwindigkeit der Erdoberfläche noch niedriger, so dass sich der Vorsprung des Luftteilchens abermals vergrößert hat, und so fort.

Aus der Vogelperspektive sieht es so aus, als würde das Luftteilchen umso stärker in Bewegungsrichtung noch rechts abgelenkt, je weiter es sich vom Äquator entfernt. Die Kraft, die diesen Prozess antreibt, heißt **Corioliskraft**. Tatsächlich handelt es sich dabei nur um eine Scheinkraft, da die Luft ja nicht wirklich abgelenkt wird. Die Kugelform der Erde sorgt lediglich dafür, dass dieser Eindruck entsteht. Die Corioliskraft bewirkt, dass die polwärts strömende Luft auf der Nordhalbkugel – scheinbar – nach rechts und auf der Südhalbkugel nach links abgelenkt wird.

Die Stärke der Corioliskraft hängt von der Breitenlage und der Windgeschwindigkeit ab. Der dauerhafte Einfluss der Gradientkraft sorgt dafür, dass die Geschwindigkeit des Luftteilchens in unserem Beispiel, also die Windgeschwindigkeit, mit zunehmendem Abstand vom Äquator immer weiter zunimmt. Folglich werden auch die Corioliskraft und damit die Ablenkung der Strömungsrichtung immer stärker. In M 3 ist dieser Zusammenhang dargestellt, mit der Ablenkung als resultierender Kraft aus Coriolis- und Gradientkraft: Die Gradientkraft bleibt immer gleich stark, die Corioliskraft steht immer senkrecht zur aktuellen Windrichtung. Irgendwann sind beide Kräfte gleich groß und das System befindet sich im Gleichgewicht, eine weitere Ablenkung der Windrichtung findet nicht mehr statt. Der ursprünglich vom Äquator als Nord- oder Südwind gestartete Luftstrom weht jetzt stetig nach Osten. Einen solchen Wind, der parallel zu den Isobaren weht, bezeichnet am als **geostrophisch**. Der geostrophische Wind sorgt

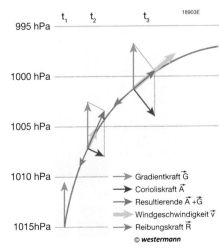

Gradientkraft $\vec{G}$
Corioliskraft $\vec{A}$
Resultierende $\vec{A} + \vec{G}$
Windgeschwindigkeit $\vec{v}$
Reibungskraft $\vec{R}$
© westermann

M5: Der Reibungswind

75

sorgt dafür, dass die Druckunterschiede zwischen hohem und tiefem Luftdruck nicht direkt ausgeglichen werden können.

In großen Höhen ab 1000 Metern weht der Wind tatsächlich geostrophisch. In tieferen Lagen macht sich hingegen eine weitere Kraft bemerkbar, die verhindert, dass der Gleichgewichtszustand zwischen Coriolis- und Gradientkraft erreicht wird. Verantwortlich dafür ist die Erdoberfläche, die mit ihren Unebenheiten ein Hindernis für die strömende Luft darstellt und dafür sorgt, dass die Windgeschwindigkeit abgebremst wird. Diese Bremswirkung durch Strömungshindernisse, die sich auf der Erdoberfläche befinden, wird als **Reibungskraft** bezeichnet. Die Reibungskraft vermindert die Windgeschwindigkeit und damit auch die Corioliskraft, die damit stets kleiner bleibt als die Gradientkraft. Eine solche schräg zu den Isobaren wehende Luftströmung wird als **Reibungswind** bezeichnet.

M1: Quellentext zur Reibungskraft
Kuttler, W.: Klimatologie. (2009)

»

Die Reibungskraft reduziert in Abhängigkeit von der Größe der Strömungshindernisse die Windgeschwindigkeit und damit auch die Corioliskraft […] Da die Corioliskraft nunmehr kleiner wird als im isobarenparallelen Fall – gleiche Druckgradienten vorausgesetzt – überwiegt die Luftdruckgradientkraft. Deshalb wird das Kräftegleichgewicht zwischen der Gradientkraft […] und der Summe aus Reibungskraft […] und Corioliskraft bereits vor dem Entstehen des isobarenparallelen Windes erreicht, und die Luft wird nur so weit abgelenkt, dass sie noch zum tiefen Druck hinströmt […] Der durch Reibung bedingte Unterschied der Ablenkung des Windes verglichen mit der isobarenparallelen Richtung ist über den Meeren mit 10° bis 20° relativ gering, über Festland ist er größer (etwa 45°), und am größten ist er über Gebirgen (> 60°).

«

M2: Quellentext zur Entstehung von Jet-Streams
Kappas, M.: Klimatologie (2009)

»

*Je größer die Reibungskräfte sind, umso schneller bauen sich die Druckgegensätze ab und umso geringer sind die Windgeschwindigkeiten. Stärkere Windgeschwindigkeit finden sich deshalb fast ausschließlich über den Meeresflächen und in der höheren freien Atmosphäre. Im Bereich der Obergrenze der Troposphäre und der Untergrenze der Stratosphäre befinden sich ausgedehnte Starkwindfelder, die bereits 1939 als so genannte Strahlströme oder **Jetstreams** benannt wurden.*

Bei diesen Strahlströmen handelt es sich um Windfelder mit Geschwindigkeiten von 250 bis 350 km/h. Höchstwerte können sogar über 600 km/h liegen. Jetstreams haben eine Ausdehnung von mehreren Tausend Kilometern in der Längs- und von 500 bis 1000 km in der Breitenerstreckung. Sie werden durch große horizontale Temperaturunterschiede verursacht und befinden sich z. B. im Übergangsbereich großer atmosphärischer Zirkulationszellen …

«

1 Erklären Sie mit eigenen Worten die Entstehung der Corioliskraft und deren Einfluss auf die Windrichtung.
2 Erläutern Sie mithilfe der Begriffe aus dem Text sowie M2, S. 74, den Einfluss der Corioliskraft, wenn Luft aus höheren Breiten Richtung Äquator strömt.
3 Erklären Sie anhand von M3 und M5, S. 75, die Entstehung des geostrophischen Windes und des Reibungswindes.

Das Klima der äquatornahen Zonen wird maßgeblich bestimmt durch die Innertropische Konvergenzzone und die sie steuernden atmosphärischen Prozesse. Für die Landwirtschaft in Ländern wie Indien oder Nepal spielt der Monsun noch heute eine sehr wichtige Rolle.

M3: Die Innertropische Konvergenzzone (ITCZ) ist hier als unterbrochene Wolkenlinie zu erkennen, die sich von Südamerika über den Pazifik zieht.

Witterung und Klima der Tropen und Randtropen werden durch den Einfluss der Innertropischen Konvergenzzone (ITCZ) geprägt. Anders als es ihr Name nahe legt, handelt es bei der ITCZ nicht um einen geschlossenen Tiefdruckgürtel, der den ganzen Erdball im Bereich des Äquators umschließt, sondern um ein wenige Hundert km breites Areal, in dem sich bedingt durch den Strahlungsbilanzüberschuss beständig neue Tiefdruckzonen bilden und wieder auflösen. Atmosphärisch wird die Zone wesentlich durch die **Hadley-Zirkulation** und die **Walker-Zirkulation** beeinflusst sowie durch die damit verbundenen Luftströmungen. Den Antrieb für die Hadley-Zirkulation bildet das Druckgefälle zwischen den Tiefdruckgebieten im Bereich der Innertropischen Konvergenzzone und den subtropischen Hochdruckgürteln auf Höhe der Wendekreise. Die Hadley-Zirkulation bildet die Quelle für zwei wichtige Windsysteme der Tropen und Randtropen: **Passat** und **Monsun**. Die vor allem über den Meeren stetig wehenden Passate hatten einst große Bedeutung für die Handelsschifffahrt. Der Monsun spielt auch heute noch für die Landwirtschaft vor allem in Südasien und in einigen afrikanischen Ländern eine wichtige Rolle. Die Walker-Zirkulation hat eine wichtige Funktion bei der Entstehung des **El Niño**-Phänomens – eines in regelmäßigen Abständen wiederkehrenden Klimaereignisses, das in erster Linie die klimatischen Verhältnisse im Südpazifik beeinflusst. Eine zentrale Rolle für die Zirkulation in den Tropen spielt darüber hinaus der Tropical Easterly Jet (TEJ), ein Höhenwindband, das entsteht, wenn sich in den Sommermonaten das tibetische Hochland aufheizt. Der TEJ strömt mit hoher Geschwindigkeit in zwölf bis 16 km Höhe von Ost nach West und beeinflusst – in Afrika ergänzt durch den African Easterly Jet (AEJ) – maßgeblich Witterung und Klima der Tropen: Die Trockenheit der Sahara, ebenso wie die ergiebigen Niederschläge im afrikanischen Regenwaldgebiet, beruhen auf den klimatischen Einflüssen dieser Luftströmungen. Die dabei wirksamen Mechanismen führen zur Ausbildung bodennaher Hoch- und Tiefdruckgebiete und lassen sich in ähnlicher Form auch in der westlichen Höhenströmung der Mittleren Breiten (Westwind-Jet) beobachten. In Kapitel 5.5 werden diese Zusammenhänge näher erläutert.

Tropical Easterly Jet
Von Osten nach Westen gerichtetes Höhenwindband der Tropen, das Geschwindigkeiten bis zu 100 km/h erreicht. Der Tropical Easterly Jet (TEJ) erstreckt sich vom tibetischen Hochland bis nach Afrika und erreicht seine stärkste Ausprägung während des indischen Sommermonsuns.

5.4.1 Die Passatströmung

Die Passate sind Bestandteil eines Zirkulationssystems, das die Strömungsverhältnisse in den Tropen und Randtropen bestimmt und auch für die Ausbildung der Wendekreiswüsten verantwortlich ist.

Die Passatwinde verdanken ihre Entstehung dem thermisch bedingten Aufstieg von Luftmassen in Äquatornähe: Infolge der intensiven Sonneneinstrahlung in dieser Region heizen sich die Erdoberfläche und die bodennahen Luftschichten, die durch Verdunstung große Mengen an Wasserdampf enthalten, stark auf. Die Erwärmung führt dazu, dass sich die feuchten Luftmassen ausdehnen und aufsteigen (Konvektion). Der vertikale Abfluss der Luftmassen führt zu einem Abfall des Luftdrucks in Bodenhähe. Man bezeichnet diesen Bereich als äquatoriale Tiefdruckrinne. Deren Position ist an den Zenitstand der Sonne gebunden. Die aufsteigende Luft kühlt sich ab. Es kommt zu Wolkenbildung und heftigen tropischen Niederschlägen. An der Troposphärenobergrenze – in 16 bis 18 km Höhe – teilt sich der Luftstrom und strömt als so genannter Antipassat polwärts in nördlicher und südlicher Richtung ab. Etwa auf Höhe der Wendekreise wird die Luft – hauptsächlich durch die Verengung der Längenkreise – zum Abstieg gezwungen und erzeugt dabei bodennahen Hochdruck, die so genannten **subtropisch-randtropischen Hochdruckzellen.** Dem Druckgefälle zwischen subtropisch-randtropischen Hochdruckzellen und äquatorialer Tiefdruckrinne folgend strömen die Luftmassen in Bodennähe erneut dem Äquator zu. Diese Strömungsschicht reicht bis in zwei km Höhe hinauf. Sie bildet den eigentlichen **Passat.** Verantwortlich für die charakteristische Windrichtung der Passate – schräg zu den Isobaren – ist die Corioliskraft. Sie sorgt dafür, dass die zum Äquator fließende Luft gegen die Rotationsrichtung der Erde abgelenkt wird. Auf der Nordhalbkugel bildet sich auf diese Weise ein Nordostpassat, auf der Südhalbkugel ein Südostpassat aus. Die Innertropische Konvergenzone (ITCZ) bezeichnet den Bereich, in dem die beiden Passatströmungen der Nord- und Südhalbkugel aufeinandertreffen. Nach seinem Entdecker, dem britischen Meteorologen George Hadley, wird dieser Strömungskreislauf als **Hadley-Zirkulation** bezeichnet. Die Hadley-Zirkulation bestimmt die Witterungsverhältnisse der Tropen und Randtropen. Wenn die Luftmassen im Bereich der Wendekreise absinken, erwärmen sie sich. Die Wolken lösen sich auf. Diese Regionen sind deshalb besonders niederschlagsarm. Im äquatornahen Bereich der äquatori-

äquatoriale Tiefdruckrinne
Den Globus im Bereich der inneren Tropen umspannende Zone mit niedrigem Luftdruck. Die äquatoriale Tiefdruckrinne tritt nicht als geschlossener Tiefdruckgürtel auf, sondern als Band einzelner Bereiche mit tiefem Luftdruck, die durch den Aufstieg erwärmter Luftmassen entstehen.

Antipassat
Polwärtige Strömung der Luftmassen innerhalb der Passatzirkulation (Hadley-Zelle) in großer Höhe. Durch die Corioliskraft wird der Antipassat auf der Nordhalbkugel nach rechts, auf der Südhalbkugel nach links abgelenkt.

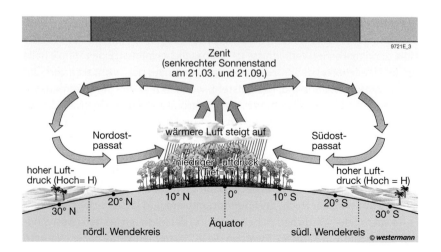

M1: Die Hadley-Zirkulation

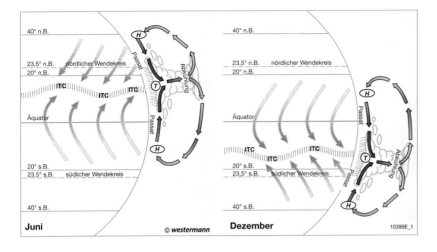

Juni   © *westermann*   **Dezember**   10399E_1

M2: Jahreszeitliche Schwankung der Hadley-Zirkulation

alen Tiefdruckrinne und ITCZ bilden sich infolge der Konvektion teils weit in die Höhe reichende Wolkentürme (Hot towers), aus denen sich ergiebige Regenfälle ergießen. Weil sich die Luftmassen des Antipassats auf ihrem Weg Richtung Wendekreis rascher erwärmen als die bodennahen Luftschichten, bildet sich zwischen der Oberschicht und der Grundschicht der Hadley-Zirkulation eine Inversion. Im Bereich der Wendekreise hat diese **Passatinversion** ihre geringste Höhe. Richtung ITCZ steigt sie langsam an und löst sich schließlich auf. Die Passatinversion trennt Ober- und Grundschicht der Hadley-Zirkulation. Innerhalb einer Passatströmung herrscht deshalb in der Regel eine stabile Schichtung, die verhindert, dass sich hohe Wolken bilden. Zu Niederschlägen kommt es nur, wenn die Wolken an einem Hindernis, etwa einer Gebirgskette, aufsteigen. Weil die ITCZ mit dem Zenitstand der Sonne wandert, verschiebt sich auch die Position der nördlichen und südlichen Hadley-Zelle. Die ITCZ „dellt" sich dabei teilweise weit nach Norden oder Süden aus. Dadurch ändert sich auch die Wirkung der Corioliskraft, was wiederum Einfluss auf die Ausrichtung der Passate hat, die ihre charakteristische Orientierung als Nordost- oder Südostpassat verlieren.

Die beiden Passatklimazonen unterscheiden sich vor allem in der Wasserverfügbarkeit und deren Bedeutung für die Vegetation, weshalb man eine trockene und feuchte Passatzone unterscheidet. Die unterschiedlichen Niederschlagsmengen in den Passatzonen sind ursächlich in der Lage innerhalb der atmosphärischen Zirkulation bedingt. Die Ostseiten der Kontinente werden von Passatwinden beeinflusst, die vom Meer kommen und feucht sind. Die zentralen Regionen innerhalb der Passatzone werden dagegen von kontinentalen trockenen Passatwinden geprägt (z. B. Harmattan in Westafrika). Trockene Passatklimate sind daher um die Wendekreise, an den Westküsten der Kontinente beziehungsweise in den zentralen Bereichen zu finden.

M3: Quellentext zu Passatklimaten
Kappas, M.: Klimatologie (2009)

1   Beschreiben Sie mithilfe von M1 und M2 die Entstehung und die jahreszeitlichen Schwankungen der Hadley-Zirkulation und der Passate.
2   Erläutern den Sie den Einfluss der Corioliskraft auf die Passatströmung und begründen Sie, warum die Passate über dem Meer besonders stetig und verlässlich wehen.
3   Identifizieren Sie typische Passatklimate mithilfe des Diercke Atlas (2008) S. 228 u. 229, Karte 2 u. 4.

D1-228
www.diercke.de

5.4.2 Der Monsun

In Indien bestimmt die jahreszeitlich wechselnde Richtung des Windes den Rhythmus von Regen- und Trockenzeit. Nach den Luftströmungen, die für dieses charakteristische Muster verantwortlich sind, bezeichnet man diese Verhältnisse als Monsunklima.

M1: Die ergiebigen Monsunregenfälle im Sommer führen in Indien immer wieder zu Überschwemmungen.

Der Begriff Monsun leitet sich ab vom arabischen Mausim, Jahreszeit. Kennzeichnend für monsunartige Winde ist der jahreszeitliche Wechsel der Windrichtung um mindestens 120°. Damit verbunden ist ein Wechsel zwischen Regenzeit und Trockenheit. Besonders ausgeprägt ist das Monsunklima in Indien. Im Sommer bringt der warme und feuchte SW-Monsun Niederschläge vom Indischen Ozean. In dieser Jahreszeit werden Feldfrüchte, die zum Teil viel Wasser benötigen, wie Reis, Mais und Hirse angebaut. Im Winter dreht der Wind und bläst aus nordöstlicher Richtung. Der NO-Monsun führt kalte und trockene Luftmassen heran. In dieser Zeit können ausschließlich Früchte angebaut werden, die wenig Wasser benötigen, wie Bohnen oder Erbsen. Teilweise liegen die Felder im Winter sogar brach.

Der südasiatische Monsun stellt eine spezielle Form der Passatzirkulation dar. Die Monsunströmung entsteht, weil sich die Hochgebirgslagen des Himalaya in

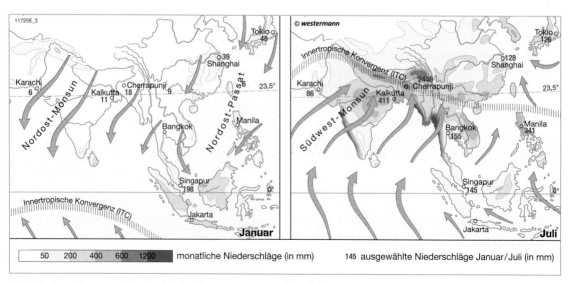

M2: Niederschlagsverteilung und Luftströmungsmuster während des Winter- (links) und Sommermonsuns (rechts)

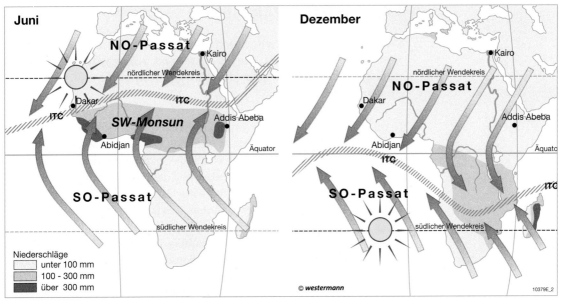

M3: Sommer- und Wintermonsun im Westen Afrikas

den Sommermonaten besonders stark aufheizen. Über der Landmasse bildet sich infolgedessen ein stabiles Hitzetief, so dass sich die ITCZ über Indien weit nach Norden verschiebt und fast an den nördlichen Wendekreis heranreicht. Die Passatströmung der Südhalbkugel verlagert sich infolgedessen ebenfalls weiter nach Norden, als dies normalerweise in den Tropen der Fall ist. Der Südost-Passat strömt im Zuge dieser Nord-Süd-Verschiebung über den Äquator auf die Nordhalbkugel und ändert dabei seine Richtung: Nördlich des Äquators bewirkt die Corioliskraft bei der jetzt polwärts strömenden Luft eine Ablenkung nach rechts, so dass die Winde des ursprünglichen SO-Passats nun als aus südwestlicher Richtung wehen und den SW-Monsun bilden. Über dem Indischen Ozean nimmt die Luft Feuchtigkeit auf, die auf dem Festland als Niederschlag wieder abgegeben wird. Anders als beim Passat kommt es beim Sommermonsun nicht zur Ausbildung einer Inversion. Im Winter verschieben sich äquatoriale Tiefdruckrinne und ITCZ wieder nach Süden. Über dem tibetischen Hochland bildet sich ein Kältehoch. Dem Luftdruckgradienten folgend strömt kalte und trockene Luft Richtung ITCZ. Der Wintermonsun über Indien entspricht weitgehend dem NO-Passat. Die Passatinversion führt hier zu einer stabilen Schichtung, wodurch die Bildung hoch reichender Regenwolken zusätzlich verhindert wird.

Durch den Wechsel zwischen Regen- und Trockenzeit, den der Monsun mit sich bringt, besitzt er für die Landwirtschaft Indiens und seiner Nachbarländer in ganz Südasien große Bedeutung. Der Wintermonsun wird auch als Hungerwind, der Sommermonsun als Regenbringer bezeichnet. Die starken sommerlichen Regenfälle können aber auch zu starken Überschwemmungen führen, die teilweise katastrophale Ausmaße annehmen. Zuletzt waren nach besonders ergiebigen Monsunregenfällen im Sommer 2010 in Pakistan und Indien über tausend Menschen umgekommen. Umgekehrt kann ein schwach ausgeprägter Sommermonsun dazu führen, dass zu wenig Niederschlag fällt. .

Passatinversion
Stabile Absinkinversion innerhalb der Passatzirkulation (Hadley-Zelle), die in etwa von den Wendekreisen bis zur Innertropischen Konvergenzzone (ITCZ) reicht

1 Beschreiben Sie die Entstehung des indischen Sommer- und Wintermonsuns mithilfe von M 2.
2 Erklären Sie anhand von M 3 die Entstehung des westafrikanischen Monsuns.

5.4.3 Die Walker-Zirkulation

Die Passatzirkulation wird durch ein breitenkreis-paralleles Zirkulationssystem überlagert. Dieses System ist mitverantwortlich dafür, dass es in den Tropen über den Kontinenten mehr regnet als über den Ozeanen.

Neben der Hadley-Zirkulation existiert noch ein weiteres Strömungssytem, das Witterung und Klima in den Tropen beeinflusst. Im Gegensatz zur meridional ausgerichteten Hadley-Zirkulation verläuft die so genannte **Walker-Zirkulation** parallel zu den Breitenkreisen. Angetrieben wird das System durch die unterschiedlich starke Erwärmung der bodennahen Luftschichten über den Kontinenten und den Ozeanen: Über dem stärker erwärmten Festland in Afrika, Südamerika und Indonesien steigt die Luft in stärkerem Maße auf, so dass sich die dort bereits vorhandenen Tiefdruckzonen der Hadley-Zirkulation intensivieren. Über den kühleren Ozeanen sinkt die Luft ab und schwächt dort die äquatoriale Tiefdruckrinne ab – das passiert vor allem im Bereich der kalten Meeresströmungen auf den Westseiten der Kontinente. Aufgrund des Druckgefälles zwischen Land und Meer bildet sich ein Zirkulationssystem mit einer Bodenströmung, die vom Meer zum Land gerichtet ist, und einer Höhenströmung in umgekehrter Richtung. Die einzelnen Zirkulationszellen werden als Walker-Zellen bezeichnet. Die Walker-Zirkulation sorgt – wie die Hadley-Zirkulation, der sie überlagert ist – für Konvektion, Wolkenbildung und Niederschlag über dem tropischen Festland. Walker-Zellen sind der Grund dafür, dass es in den Tropen über den Kontinenten stärker und häufiger regnet als über den Meeren. Eine besonders stark und großräumig ausgeprägte Walker-Zelle befindet sich über dem westlichen Pazifik zwischen Indonesien und der südamerikanischen Küste. Gekoppelt ist diese Luftströmungszelle an eine Meeresströmung, die – ausgehend vom Humboldtstrom vor der Westküste Südamerikas – im Bereich des Äquators nach Westen fließt. Diese charakteristischen Zirkulations- und Strömungsmuster sind verantwortlich für ein Klimaphänomen, das mit gewisser Regelmäßigkeit im Abstand mehrerer Jahre im Dezember auftritt und unter dem Namen **El Niño**, das Christkind, bekannt geworden ist.

Walker-Zellen
Zonal (breitenkreis-parallel) ausgerichtete Zirkulationszellen innerhalb der Tropen mit einer bodennahen Strömung von den Ozeanen in Richtung der Kontinente und einer Höhenströmung in umgekehrter Richtung.

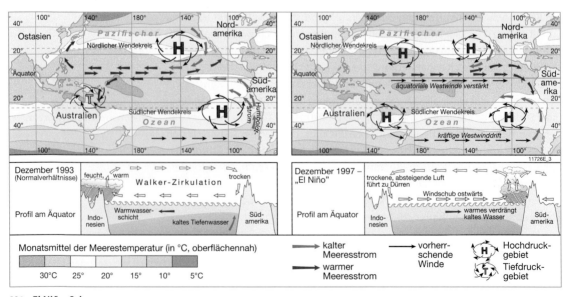

M1: El Niño-Schema

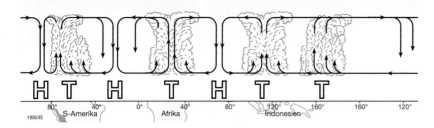

80° S-Amerika 40° 0° Afrika 40° 80° 120° Indonesien 160° 160° 120°
18924E

M2: Walker-Zellen in den Tropen

M3: Quellentext zum El Niño-Effekt
Harmeling, S.: Globaler Klima-wandel (2008)

»

Ausgangspunkt des El Niño -Effekts ist der normalerweise relativ kalte (ca. 20°C) Humboldtstrom vor der Küste Perus. Angetrieben vom Südost-Passat strömt das Wasser des Humboldtstroms parallel zum Äquator nach Westen (auch Äquatorialstrom genannt) und erwärmt sich dabei zusehends. In den Gewässern vor Indonesien hat es eine Temperatur von etwa 29 °C erreicht. Die Folge: Kühleres Wasser wird dort verdrängt, sinkt – aufgrund seiner höheren Dichte – in die Tiefe und strömt unterhalb des wärmeren Oberflächenwassers des Äquatorialstroms nach Osten in Richtung Südamerika zurück. Dort steigt es vor der Küste auf und speist erneut den Humboldtstrom […]; der Kreis schließt sich. Zwischen dem Hochdruckgebiet im südöstlichen Pazifik, dem Ausgangspunkt des Humboldtstroms, und seinem Zielgebiet im Westpazifik, das vom asiatisch-australischen Tiefdrucksystem beherrscht wird, besteht ein hoher Luftdruckunterschied. Im Westpazifik kommt es daher zu einer hohen Verdunstung von Ozeanwasser mit der Folge intensiver Niederschläge zwischen Sumatra und Guinea, während an der Westküste Südamerikas ein eher trockenes Klima herrscht. Die beschriebenen Luftdruckverhältnisse bilden den Antrieb für die auch als Walker-Zirkulation bekannte Luftströmung zwischen Ost- und Westpazifik, die ihrerseits die Meeresströmung antreibt. […]
Im Abstand von einigen Jahren kommt es zu einer grundlegenden Änderung der Zirkulationsverhältnisse im äquatorialen Pazifik: Der Luftdruckunter-schied zwischen dem Hoch im südöstlichen Pazifik und dem Tief über Indo-nesien schwächt sich ab und kann sich sogar umkehren. Dadurch werden die Passatwinde schwächer oder vollständig durch Westwinde ersetzt. Der verringerte beziehungsweise umgekehrte Windschub sorgt dafür, dass weni-ger Oberflächenwasser im Äquatorialstrom nach Westen strömt. Stattdessen „schwappt" im Gegenzug warmes Wasser aus dem Ostpazifik allmählich nach Osten Richtung Südamerika, was zu seiner Erwärmung der Wassertemperatur um bis zu 5 K führt. Nach zwei bis drei Monaten hat die Warmwasserschicht gegen Jahresende die südamerikanische Küste erreicht. Damit kehren sich auch die Niederschlagsverhältnisse zwischen Ost- und Westpazifik um: Wo das Wasser warm ist, kommt es zur Verdunstung und damit zu verstärkten Niederschlägen. Wo die Wassertemperaturen niedrig sind, ist das Gegenteil der Fall.

M4: Verheerende Wald-brände in Indonesien waren einer der Effekte des letzten großen El Niño-Ereignisses.

«

....

1 **Erläutern Sie die Rolle der Meeresströmungen bei der Ausbildung von Walker-Zellen mithilfe des Diercke Atlas S. 226.**

2 **Beschreiben Sie anhand von M 1 die Ausbildung einer El Niño-Situation im südlichen Pazifik.**

D1-226
www.diercke.de

In der Region zwischen Randtropen und Subpolarregion dominieren westliche Luftströmungen. Besonders ausgeprägt sind die Westwinde im Bereich der Mittleren Breiten in großer Höhe.

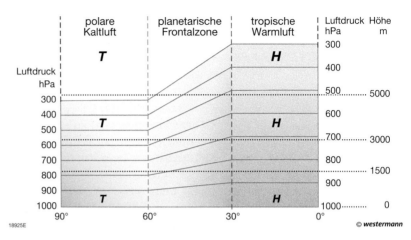

M1: Schematischer Verlauf der isobaren Flächen in einem Profilschnitt vom Nordpol zum Äquator

18925E

Frontalzone
Zone, in der kalte und warme Luftmassen aufeinander treffen und an der sich Trennungsflächen (Fronten) ausbilden. Als planetarische Frontalzone bezeichnet man die Übergangszone zwischen warmer tropischer und kalter Polarluft etwa zwischen dem 35. und dem 65. Breitengrad. Druck- und Temperaturgegensätze konzentrieren sich hier auf relativ engem Raum.

Westwind-Jet
Von Westen nach Osten gerichtete Höhenströmung (Strahlstrom) der Mittleren Breiten, die im Bereich der oberen Troposphäre hohe Windgeschwindigkeiten erreicht. Der Westwind-Jet bildet kein geschlossenes Strömungsband, sondern spaltet sich auf in einen nördlichen (Polarfront-Jet) und südlichen Ast (Suptropen-Jet).

Die Zone zwischen dem 35. und dem 65. Breitengrad bildet einen Übergangsbereich, in dem tropische und subpolare oder polare Luftmassen aufeinandertreffen. Man spricht von einer Frontalzone (lat. frons = Grenze.) Der Temperaturgradient zwischen höheren und niederen Breiten ist hier deutlich stärker als in den Tropen. Entsprechend groß sind die Druckunterschiede. Die daraus resultierende Gradientkraft bildet den Antrieb für ein weiteres Strömungssystem, das sich polwärts an die Hadley-Zelle anschließt – die **Ferrel-Zelle**. Die Zirkulationsrichtung der zwischen subtropischen Hochdruckzellen und subpolarer Tiefdruckrinne liegenden Ferrel-Zelle, mit einer polwärts gerichteten bodennahen Strömung und einer Höhenströmung in umgekehrter Richtung, ist gegenläufig zur tropisch-randtropischen Zirkulation. Betrachtet man die realen Strömungsverhältnisse, zeigt sich allerdings, dass es sich hierbei um ein stark idealisiertes Modell handelt. Wie bereits der Name sagt, dominieren in der außertropischen Westwindzone westliche Luftströmungen. Verantwortlich für diese vorherrschende Windrichtung ist die Corioliskraft, deren Einfluss hier infolge der starken Erdkrümmung zwischen dem 35. und 65. Breitengrad besonders groß ist. Die Corioliskraft sorgt dafür, dass der Wind in der Höhe geostrophisch wird und parallel zu den Isobaren in östliche Richtung (Westwind) weht. Aufgrund der fehlenden Reibung erreicht der Luftstrom im oberen Bereich der Troposphäre extrem hohe Geschwindigkeiten. Solche Starkwindbänder werden als Strahlströme oder **Jet-Streams** bezeichnet. Der Strahlstrom der Westwindzone heißt Westwind-Jet. Als parallel zu den Isobaren strömendes Starkwindband bildet der Westwind-Jet eine Barriere zwischen den subpolaren oder polaren und den tropischen Luftmassen und verhindert so einen Druck- und Luftmassenausgleich zwischen subtropischen Hochdruckzellen und subpolarer Tiefdruckrinne. Der notwendige Energietransfer von den niederen in die höheren Breiten muss also auf andere Weise erfolgen.

1 Erläutern Sie den Einfluss der Corioliskraft in der außertropischen Westwindzone und bei der Entstehung des Jet-Streams.
2 Beschreiben Sie die Entstehung der planetarischen Frontalzone anhand von M 1.

5.5.1 Atmosphärische Dynamik

Im Bereich der Polarzone strömt der Westwind-Jet nicht gleichförmig um den Globus, sondern bildet ein wellenförmiges Strömungsband. Die Strömungswellen sind maßgeblich beteiligt am Druckausgleich zwischen polarer und äquatorialer Luft.

Normalerweise tritt der Westwind-Jet nicht als geschlossenes Höhenwindband in Erscheinung, sondern spaltet sich auf in zwei Äste: den äquatorwärts strömenden **Subtropen-Jet** und den Polarfront-Jet an der Grenze zur Polarzone. Weil ein direkter Energietransport von den niederen in die höheren Breiten durch den Strahlstrom verhindert wird, nehmen die meridionalen Temperaturgegensätze und damit auch die Luftdruckunterschiede immer stärker zu. Das steigende Druckgefälle lässt auch die Windgeschwindigkeit weiter ansteigen. Besonders ausgeprägt sind diese Gegensätze im Bereich des Polarfront-Jets, wo kalte und warme Luftmassen aufeinandertreffen. Der Polarfront-Jet erreicht Geschwindigkeiten bis zu 300 km/h. Die hohen Windgeschwindigkeiten führen dazu, dass die Luft nicht mehr gleichmäßig dahinfließt, sondern anfängt zu „schlingern", sobald sie an ein Hindernis stößt. Der Vorgang ist vergleichbar der Strömung in einem Fluss: Wenn das Wasser langsam dahingleitet, werden Hindernisse gleichmäßig umströmt. Steigt die Fließgeschwindigkeit, kommt es zu Strudeln und Verwirbelungen. Die Strömung wird turbulent. Ähnliches geschieht im Polarfront-Jet. Verantwortlich dafür sind in den Luftstrom eingelagerte Störungen, beispielsweise Gebirgsrücken. Der Luftstrom bleibt nicht länger gradlinig (zonal ausgerichtet), sondern wird wellenförmig. Dieser Prozess kann sich derart verstärken, dass der Polarfront-Jet weit äquatorwärts ausschwingt. Die Wellentäler mit kalter Polarluft – so genannte **Kaltlufttröge** – ragen dabei tief in die niederen Breiten hinab. Umgekehrt führt das polwärtige Ausschwingen des Höhenstroms dazu, dass Wellenberge mit relativ warmer Luft – so genannte **Warmluftrücken** – weit in den subpolaren Bereich hineinragen. Die sich ausdeh-

Polarfront-Jet
*Von West nach Ost wehender Strahlstrom im Bereich der Polarfront, mit teilweise stark mäandrierendem Strömungsverlauf. Bei einer starken Wellenstörung (**Rossby-Wellen**) kann es stellenweise zu einer Blockierung der Westwind-Drift (**Blocking action**) kommen.*

Turbulenz
Bewegung von Flüssigkeiten oder Gasen, bei der es zu Verwirbelungen unterschiedlicher Größenordnung kommt

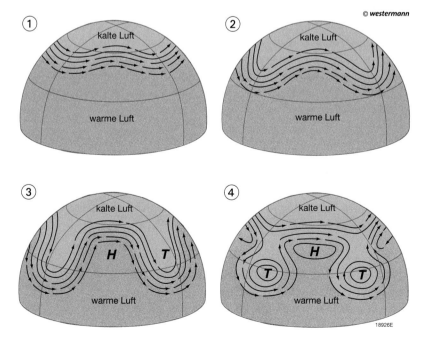

© *westermann*

M2: Ausbildung von Wellen mit Kaltlufttrögen und Warmluftrücken im Höhenwestwindband der Nordhemisphäre

85

nende Luft der Warmluftrücken bildet innerhalb der sie umgebenden Kaltluft Hochdruckzonen. Umgekehrt erscheinen die Kaltlufttröge, in denen sich die Luft zusammenzieht, als Tiefdruckgebiete. Man bezeichnet die Strömungswellen des Westwind-Jets nach ihrem Entdecker – dem schwedischen Meteorologen Carl-Gustaf Rossby (1898 – 1957) – als **Rossby-Wellen**. Die Position der Rossby-Wellen ist nicht beliebig, sondern wird durch Lage und Relief der Landmassen beeinflusst. Das führt zur Ausbildung quasi-stationärer oder stehender Wellen, mit einer relativ stabilen Position und Form.

M1: Quellentext zu stationären Wellen
Lauer, W. u. Bendix, J.: Klimatologie (2006)

In der Regel bilden sich auf den Erdumfang verteilt meist drei bis fünf stehende Wellen aus. Die statistisch abgesicherten quasi-stationären Tiefdrucktröge liegen vor den Ostküsten der Kontinente Amerikas und Asiens, ein weiterer schwächerer im westlichen Russland. Hochdruckrücken haben eine Häufung vor den Westküsten Nordamerikas und Europas. Da auf der jeweiligen Winterhalbkugel die meridionalen Temperatur- und Luftdruckgradienten zwischen Tropen und Polargebieten wesentlich stärker ausgebildet sind als im Sommer, ergibt sich im Winter eine wesentlich engere Scharung der Isobaren, der Polarfrontjet ist stärker ausgeprägt. Im Sommer der Nordhalbkugel rückt der schwächere Polarfrontjet polwärts vor. Auf der Südhalbkugel ist die Wellenbildung aufgrund der kleinen Landmassen weniger deutlich und die Stromlinien weisen einen zonaleren Charakter auf. Zyklonale Tröge stabilisieren sich aber häufig vor der Küste des südlichen Afrika und im südlichen zentralen Pazifik.

High-Index-Typ
Zonal oder annähernd zonal (breitenkreis-parallel) ausgerichtete Strömung des Westwind-Jets mit schwach ausgeprägten Rossby-Wellen.

Low-Index-Typ
Die Strömung des Westwind-Jets verliert ihre zonale Ausrichtung und schwingt polwärts und äquatorwärts stark aus. Teilweise verläuft die Strömungsrichtung dabei annähernd meridional (längenkreis-parallel).

Cut-off-Effekt
Wenn die Wellenbewegung einer Rossby-Welle ihre maximale Ausprägung erreicht hat, können einzelne Kaltlufttröge und Warmluftrücken so weit ausschwingen, dass sie abgeschnürt und isoliert werden.

Ist die Wellenbewegung nur schwach ausgeprägt, spricht man von einer High-Index-Zirkulation. Rossby-Wellen mit großer Amplitude werden als **Low-Index**-Typ bezeichnet. Eine Low-Index-Zirkulation mit ausgeprägten Kaltlufttrögen und Warmluftrücken kann dazu führen, dass sich isolierte Tiefdruck- (**Zyklonen**) und Hochdruckzellen (**Antizyklonen**) aus den Rossby-Wellen abschnüren. Man spricht von einem Cut-off-Effekt. Zyklonen und Antizyklonen erhalten im Zuge der Abschnürung einen Drehimpuls, der die Druckgebilde um sich selbst rotieren lässt: Zyklonen auf der Nordhalbkugel rotieren im Gegenuhrzeigersinn, Antizyklonen im Uhrzeigersinn. Auf der Südhalbkugel ist es umgekehrt. Diese quasistationären Druckgebilde der mittleren und oberen Troposphäre können die Westwinddrift blockieren oder aufspalten und damit die Wind- und Wetterverhältnisse in den betreffenden Regionen für längere Zeit beeinflussen. Die kalte Luft der Zyklonen wird dabei langsam erwärmt, die Warmluft der Antizyklonen kühlt sich ab. Das führt dazu, dass sich die Druckgebilde mit der Zeit schließlich auflösen. Auf diese Weise kommt es zu einem Energieaustausch zwischen niederen und höheren Breiten. Der Druckgegensatz verringert sich, die Geschwindigkeit des Polarfront-Jets nimmt ab. Die Zirkulation ist wieder stärker zonal ausgerichtet (High-Index) und der gesamte Prozess kann von neuem beginnen.

1 Erläutern Sie mithilfe von M2, S. 85, die Entstehung von Rossby-Wellen und die Bildung teilstationärer Druckgebilde in der oberen Troposphäre der Westwindzone.

2 Erklären Sie, warum Antizyklonen auf der Nordhalbkugel im Uhrzeigersinn, Zyklonen im Gegenuhrzeigersinn rotieren.

5.5.2 Dynamische Druckgebilde

Das Klima der Mittelbreiten wird maßgeblich bestimmt durch Tiefdruckgebiete, die mit der Westwinddrift nach Osten wandern und sich dabei auflösen. Der Durchzug einer solchen dynamischen Zyklone ist von charakteristischen Wettererscheinungen begleitet.

Die stationären Wellen des Polarfront-Jets spielen eine wichtige Rolle im Witterungsgeschehen der Mittleren Breiten. Der Energie- und Druckausgleich findet aber nicht allein über die quasistationären Druckgebilde statt, die sich in der mittleren und oberen Troposphäre aus den weit ausschwingenden Ausläufern der Rossby-Wellen abschnüren. Insbesondere auf der Nordhalbkugel bestimmen **dynamische Druckgebilde** – Zyklonen und Antizyklonen – das Wetter, die sich vom Boden bis in die obere Troposphäre erstrecken können. Eine besondere Rolle bei der Entstehung solcher Druckgebilde spielen die Druck- und Windverhältnisse in der Höhenströmung und deren Auswirkung auf die bodennahen Luftmassen. Initiiert wird die Bildung außertropischer dynamischer Zyklonen (Tiefdruckgebiete) und Antizyklonen (Hochdruckgebiete) durch die in Kapitel 5.5 beschriebenen Strömungsturbulenzen des Polarfront-Jets. Bedingt durch die wellenförmige Zirkulation verlaufen die Isobaren im Strahlstrom nicht mehr parallel, sondern werden gestaucht oder gedehnt: Im vorderen Bereich eines Kaltlufttroges rücken die Isobaren immer dichter zusammen, je weiter die Welle Richtung Äquator ausschwingt. Der Luftstrom wird dabei gestaucht und abgebremst. Sobald die Luft den tiefsten Punkt des Kaltlufttroges durchquert hat und wieder polwärts – in diesem Fall nach Norden – strömt, rücken die Isobaren auseinander. Der Luftstrom dehnt sich und nimmt wieder an Geschwindigkeit zu. Durch die Stauchung der Isobaren kommt es zu einer so genannten Konvergenz: Die Luftmassen strömen zusammen. Die Dehnung der Isobaren führt zu einer **Divergenz**: Die Luftmassen strömen auseinander. Infolge der Konvergenz im so genannten **Einzugsbereich** wird die Luft an dieser Stelle in Richtung Erdoberfläche gepresst. Dadurch steigt in Bodennähe der Luftdruck und lässt dort ein Hochdruckgebiet (Antizyklone) entstehen. Dehnt sich der Luftstrom infolge der Divergenz wieder aus, bildet sich an dieser Stelle ein Sog, der bodennahe Luftmassen in die Höhe die strömen lässt. Es kommt zur Ausbil-

© *westermann*

1005 hPa
1000 hPa
995 hPa
990 hPa

KL   T

⇨ KL   Kaltluft
⇨ WL   Warmluft
▼▼▼   Kaltfront
●▼●   Warmfront
●▼●   Okklusion

WL

18927E

M2: Voll ausgebildetes dynamisches Tiefdruckgebiet der Mittelbreiten

Konvergenz
Zusammenfließen von Luftmassen, womit eine Verengung des Isobarenabstandes verbunden ist

M3: Dynamisches Tiefdruckgebiete über den britischen Inseln im Satellitenbild

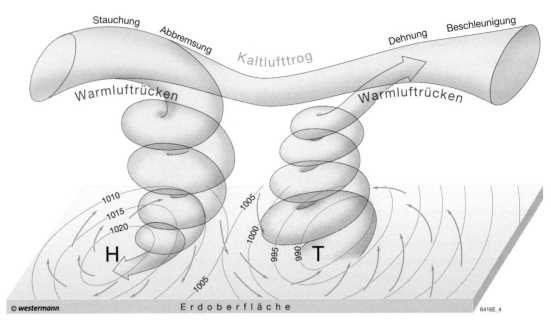

Stauchung Abbremsung Kaltlufttrog Dehnung Beschleunigung

Warmluftrücken Warmluftrücken

1010
1015
1020
H

1005
1000
995
990
T

1005

© westermann Erdoberfläche 6416E_4

M1: Entstehung
dynamischer Druckgebilde
(Zyklonen/Antizyklonen) auf
der Nordhalbkugel

*Bodennahe Druckgebilde verdanken ihrer Entstehung dem Zusammenwir-
ken von Gradientkraft, Corioliskraft und Massenträgheit in der Höhenströmung. Wenn ein Luftpaket in eine Konvergenz strömt, verengen sich die
Isobaren. Die Gradientkraft nimmt zu. Eigentlich müsste demzufolge auch
die Strömungsgeschwindigkeit zunehmen. Infolge der Massenträgheit des
Luftpakets setzt dieser Effekt jedoch erst mit einer gewissen Verzögerung ein.
In dieser Phase bewegt sich Luft also langsamer, als es den Druckverhältnissen vor Ort entspricht. Entsprechend geringer ist in diesem Bereich die
von der Windgeschwindigkeit abhängige Corioliskraft. Gradientkraft und
Corioliskraft befinden sich also vorübergehend nicht mehr im Gleichgewicht,
die Windrichtung als Resultierende beider Kräfte wird polwärts in Richtung
Druckgradient abgelenkt und verläuft jetzt quer zu den Isobaren. In diesem
Fall kommt es zu einer Verschiebung von Luftmassen auf die polwärtige Seite
des Polarfront-Jets.*

*Da die überschüssige Luft in Richtung Erdboden gedrückt wird, steigt pol-
wärts an dieser Stelle der Luftdruck am Boden an. Strömt das Luftpaket in
eine Divergenz, tritt der gegenteilige Effekt ein. Die Windrichtung verschiebt
sich dabei vorübergehend in die entgegensetzte Richtung und verläuft jetzt
schräg zu den Isobaren Richtung Äquator. Dadurch werden Luftmassen von
der polwärtigen auf die äquatorwärtige Seite des Polarfront-Jets verfrachtet.
Polwärts bildet sich auf diese Weise ein Massendefizit. Als Konsequenz wird
auf dieser Seite bodennahe Luft in die Höhe gesaugt. Der Luftdruck am Boden
fällt an dieser Stelle, ein Tiefdruckgebiete entsteht. In beiden Fällen strömt
die Luft in der Höhe wieder parallel zu den Isobaren, sobald sich die Windgeschwindigkeit in der oberen Troposphäre zeitverzögert der Gradientkraft
angepasst hat und Corioliskraft und Gradientkraft wieder im Gleichgewicht
sind. Der Prozess, bei dem Konvergenz und Divergenz eine Ablenkung der
Windrichtung schräg zu den Isobaren bewirken, wird als **Ryd-Scherhag-
Effekt** bezeichnet (siehe M2, S. 89).*

Divergenz
*Mit einer Dehnung der Iso-
barenabstände verbundenes
Auseinanderströmen von
Luftmassen. Da die Luftteilchen
sich voneinander entfernen,
kommt es dabei zu einem Mas-
senverlust. Das Gegenteil – das
Zusammenströmen von Luft –
bezeichnet man als Konvergenz
(siehe S. 87).*

dung eines bodennahen Tiefdruckgebietes (Zyklone). Der Bereich, in dem die Isobaren sich wieder dehnen wird als **Delta** bezeichnet. Die so entstandenen bodennahen Druckgebilde erhalten durch die Corioliskraft einen Drehimpuls: Antizyklonen rotieren auf der Nordhalbkugel im Uhrzeigersinn, Zyklonen im Gegenuhrzeigersinn – auf der Südhalbkugel ist es genau umgekehrt. In der Westwinddrift der Mittleren Breiten werden die Hoch- und Tiefdruckgebiete nach Osten transportiert. Der Drehimpuls bewirkt, dass die Zyklonen sich stärker polwärts, die Antizyklonen mehr äquatorwärts verlagern.

Lebenslauf eines dynamischen Tiefdruckgebiets

Die dynamischen Tiefdruckgebiete, die mit der Westwinddrift nach Osten transportiert werden, besitzen einen charakteristischen Aufbau und einen Lebenszyklus, der sich in typische Phasen – von der „Geburt" bis zum „Tod" der Zyklone – einteilen lässt. Abbildung M 2 (S. 87) zeigt die idealisierte Darstellung eines typischen dynamischen Tiefdruckgebietes in Bodennähe. Auffällig sind die fast kreisförmige Anordnung der Isobaren und die Ausbildung einer Kaltfront und einer Warmfront in einer voll entwickelten „erwachsenen" Zyklone. Die Kaltfront einer dynamischen Zyklone der nördlichen Mittelbreiten entsteht durch das Vordringen kalter Polarfrontluft nach Süden (Richtung Äquator). Man bezeichnet diesen Bereich als Rückseite des Tiefdruckgebiets. Umgekehrt zeigt die Warmfront an, dass an der Vorderseite warme Luft polwärts vordringt. Zwischen Kalt- und Warmfront befindet sich ein **Warmluftsektor**. Weil die Zyklone im Gegenuhrzeigersinn rotiert, drehen sich Kalt- und Warmfront wie die Speichen eines Rades um das Zentrum des Tiefs. Der Warmluftsektor wird dabei immer kleiner. Man sagt: Die Zyklone altert. Das liegt daran, dass sich die Kaltfront schneller vorwärts bewegt als die langsamere Warmfront, so dass der Abstand zwischen den beiden Luftmassen immer kleiner wird. Dieser Effekt hängt vor allem mit der unterschiedlichen Dichte kalter und warmer Luft zusammen.

Weil warme Luft leichter ist als kalte Luft, gleiten die Luftmassen der Warmfront an deren Vorderseite auf die vor ihr lagernde kühle Polarluft hinauf. Wie bei Wasser, das auf einen Deich auffließt und dabei an Bewegungsenergie verliert, nimmt die Strömungsgeschwindigkeit der warmen Luft dabei immer

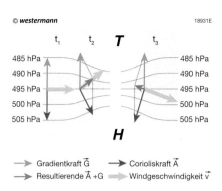

Gradientkraft $\vec{G}$ — Corioliskraft $\vec{A}$
Resultierende $\vec{A}+\vec{G}$ — Windgeschwindigkeit $\vec{v}$

M2: Der Ryd-Scherhag-Effekt

Rückseite, Vorderseite
Bei einem voll ausgebildeten dynamischen Tiefdruckgebiet der Mittelbreiten befindet sich an dessen Vorderseite eine Warmfront, an der Rückseite eine Kaltfront.

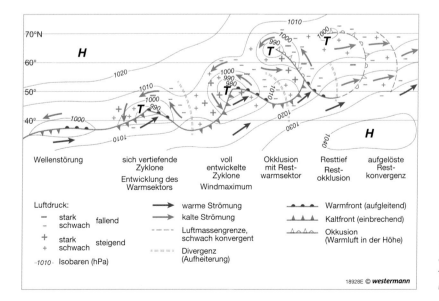

Luftdruck:
- stark | schwach | fallend
+ stark | schwach | steigend
-1010- Isobaren (hPa)

→ warme Strömung
→ kalte Strömung
---- Luftmassengrenze, schwach konvergent
===== Divergenz (Aufheiterung)

Warmfront (aufgleitend)
Kaltfront (einbrechend)
Okklusion (Warmluft in der Höhe)

18928E © **westermann**

M3: Entwicklungsstadien dynamischer Tiefdruckgebiete in der Westwinddrift der Mittleren Breiten

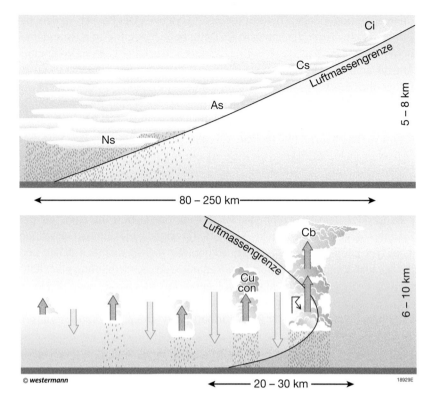

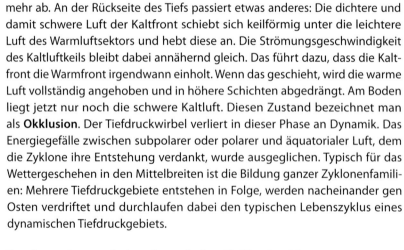

M1: Durchzug eines typischen dynamischen Tiefdruckgebiets im Profilschnitt

© *westermann*   18929E

mehr ab. An der Rückseite des Tiefs passiert etwas anderes: Die dichtere und damit schwere Luft der Kaltfront schiebt sich keilförmig unter die leichtere Luft des Warmluftsektors und hebt diese an. Die Strömungsgeschwindigkeit des Kaltluftkeils bleibt dabei annähernd gleich. Das führt dazu, dass die Kaltfront die Warmfront irgendwann einholt. Wenn das geschieht, wird die warme Luft vollständig angehoben und in höhere Schichten abgedrängt. Am Boden liegt jetzt nur noch die schwere Kaltluft. Diesen Zustand bezeichnet man als **Okklusion**. Der Tiefdruckwirbel verliert in dieser Phase an Dynamik. Das Energiegefälle zwischen subpolarer oder polarer und äquatorialer Luft, dem die Zyklone ihre Entstehung verdankt, wurde ausgeglichen. Typisch für das Wettergeschehen in den Mittelbreiten ist die Bildung ganzer Zyklonenfamilien: Mehrere Tiefdruckgebiete entstehen in Folge, werden nacheinander gen Osten verdriftet und durchlaufen dabei den typischen Lebenszyklus eines dynamischen Tiefdruckgebiets.

Durchzug eines typischen dynamischen Tiefdruckgebiets

Der Durchzug einer außertropischen Zyklone ist von charakteristischen Wettererscheinungen begleitet: Durch das großflächige Aufgleiten der Warmluft an der Vorderseite des Tiefs, kühlt sich diese ab. Es kommt zu ausgedehnter Wolken- und Niederschlagsbildung. In der Regel kündigt sich eine Warmfront durch vereinzelte Cirruswolken an, die sich langsam zu einer Stratusdecke verdichten, aus der anfangs als Nieselregen, später mit immer größeren Tropfen der oft länger anhaltende Niederschlag fällt. Nach dem Durchzug der Warmfront klart es häufig auf. Temperatur und Druck steigen. Am Himmel sind vereinzelt Cumuluswolken zu sehen. Schließlich nähert sich am Horizont mit hoch aufragenden Wolkentürmen die Kaltfront. Der meist nur kurzzeitige Niederschlag setzt rasch und heftig ein – im Sommer häufig als Hagel begleitet

M2: Kaltfront über Stadtgebiet

von Blitz und Donner. Nach dem Durchzug der Kaltfront lässt der Niederschlag nach. Es ist deutlich kühler geworden. Hin und wieder treten noch vereinzelte Schauer auf.

»

Das dunkle Blau des Himmels weicht einem milchigen Blau. Die Sonne ist noch zu sehen, hat jedoch schon einen diffusen Rand. Der Cirrostratus zeigt an, dass die Warmluft in der Höhe schon angekommen ist […] Der Druck beginnt leicht zu fallen, da die kalte, schwere Luft durch leichtere warme Luft ersetzt wird und außerdem durch das Aufgleiten der warmen Luft ein zusätzlicher dynamischer Druckfall einsetzt. Der Wolkenschleier wird dichter und grauer und durch den Altostratus ist die Sonne noch schemenhaft zu erkennen, um dann aber vollständig zu verschwinden. Es wird immer dunkler, die ersten Fallstreifen sind zu sehen und die Untergrenze kommt näher. Der Druck fällt nun sehr schnell und der Südwind wird stärker. Dann beginnt es zu regnen, erst nur ein paar Tropfen, dann regnet es stärker und während der Landregen aus dem Nimbostratus ziemlich gleichmäßig fällt, wird der Südwind immer wärmer. Nach einiger Zeit schwächt sich der Südwind ab und im Westen zeigt sich am Horizont ein heller Streifen. Der kommt schnell näher, Regen und Druckfall werden schwächer und der Wind dreht auf West vor. Die dunkelgraue Wolkenmasse zieht nach Osten und bei milden Temperaturen ziehen kleine Stratocumuluswolken am hellblauen Himmel entlang. Nach einigen Stunden beginnt der Druck wieder zu fallen, der Wind nimmt zu und dreht auf Südwest zurück. Drohend tauchen am Westhimmel Wolkentürme auf von Cumulus congestus bis zu Cumulonimbus. Der Wind ist kaum noch zu spüren, Wetterleuchten ist zu sehen und leichtes Donnergrollen kündigt die Kaltfront an.

«

M3: Quellentext: Durchzug einer Zyklone
Walch, D. u. Frater, H.: Wetter und Klima (2004)

Cumulus congestus
Gemäß WMO-Wolkenatlas Wolke mit vertikalem Aufbau („mächtig aufquellende Haufenwolke"). Cumulus congestus reicht hinauf bis in mittlere, teilweise höhere Luftschichten und tritt häufig als Vorstufe der Gewitterwolke Cumulonimbus auf.

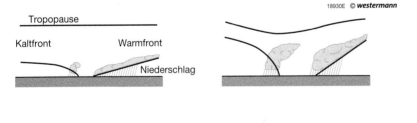

18930E © **westermann**

M4: Lebenszyklus eines dynamischen Tiefdruckgebiets im Profilschnitt

1 **Erläutern Sie anhand M 3, S. 89, die Bildung und den Alterungsprozess eines dynamischen Tiefdruckgebiets in Bodennähe.**

2 **Beschreiben Sie mithilfe von M 1, S. 88, und M 2, S. 89, den Ryd-Scherhag-Effekt und seine Funktion bei der Entstehung einer dynamischen Zyklone.**

3 **Beschreiben Sie anhand vom M 1, M 3 und M 4 auf dieser Doppelseite die atmosphärischen Prozesse und Wettererscheinungen beim Durchzug eines dynamischen Tiedruckgebiets.**

Die Allgemeine Zirkulation der Atmosphäre

Antriebskräfte der Zirkulation

Die Region zwischen dem 40. nördlichen und südlichen Breitengrad weist einen Strahlungsüberschuss auf: Es kommt dort mehr solare Strahlung an, als abgegeben wird. Polwärts dieser Zone herrscht ein Strahlungsdefizit: Es wird mehr Strahlung abgegeben als ankommt. Dieses Strahlungsungleichwicht hat zur Folge, dass Energie in Form von Wasserdampf (latenter Wärme) oder erwärmter Luft (fühlbarer Wärme) von den niederen in die höheren Breiten transportiert wird. Um den Transport von latenter und fühlbarer Wärme über die Atmosphäre in Gang zu halten, muss wie bei einem Heizkreislauf wieder ein Rückfluss von den höheren Breiten Richtung Äquator stattfinden. Bei der Beschreibung der Allgemeinen Zirkulation der Atmosphäre werden solche Kreisläufe modellhaft in Form von Zirkulationszellen dargestellt.

Wind- und Strömungsgesetze

Das Strahlungsungleichgewicht zwischen höheren und niederen Breiten erzeugt ein Druckgefälle zwischen den Polen und dem Äquator. Neben den Druckunterschieden wirken noch weitere Kräfte auf die Luftströmungen ein, die dafür sorgen, dass die Strömungsrichtung nicht direkt entlang des Luftdruckgefälles verläuft, sondern mehr oder weniger stark abgelenkt wird. Die Erdrotation sorgt dafür, dass sich der Luftstrom in großer Höhe parallel zu den Isobaren ausrichtet. Man spricht von geostrophischem Wind. Die Reibungskraft der Erdoberfläche sorgt dafür, dass die Windgeschwindigkeit in Bodennähe abnimmt und der Luftstrom schräg zu den Isobaren weht. Dieser Wind wird als Reibungswind bezeichnet.

Luftströmungen der Tropen

Den Antrieb für die Windsysteme der Tropen und Randtropen bilden die Druckunterschiede zwischen den Tiefdruckgebieten im Bereich der Innertropischen Konvergenzzone in Äquatornähe und den subtropischen Hochdruckzellen im Bereich der Wendekreise. Die beiden wichtigen Windsysteme dieser Zone sind Passat und Monsun. Die vor allem über den Meeren stetig wehenden Passate hatten früher große Bedeutung für die Handelsschifffahrt. Winter- und Sommermonsun bestimmen in Südasien und einigen afrikanischen Ländern den Wechsel zwischen Regen- und Trockenzeit.

Die außertropische Westwindzone

Die Region zwischen dem 35. und 65. Breitengrad wird als Frontalzone bezeichnet, da dort die tropischen und subpolaren oder polaren Luftmassen aufeinandertreffen. Die meridionalen Temperaturunterschiede sind hier deutlich größer als in den Tropen. Die daraus resultierenden Druckunterschiede bilden den Antrieb für ein Zirkulationssystem mit einer polwärts gerichteten bodennahen Strömung und einer Höhenströmung in umgekehrter Richtung. Betrachtet man die realen Strömungsverhältnisse, zeigt sich jedoch, dass es sich dabei um ein stark idealisiertes Modell handelt. Tatsächlich dominieren in dieser Region westliche Luftströmungen.

Aufgaben

1 Skizzieren Sie die wichtigsten Druck- und Windgürtel der Allgemeinen Zirkulation der Atmosphäre.
2 Beschreiben Sie die Antriebskräfte der Allgemeinen Zirkulation der Atmosphäre.
3 Erläutern Sie, warum es nicht zu einem direkten Energieausgleich zwischen den äquatornahen und den polwärts gelegenen Zonen der Erde kommt.
4 Erläutern Sie anhand von Beispielen, welchen Einfluss die Erdrotation und der Umlauf der Erde um die Sonne auf die Windrichtung in den verschiedenen Klimazonen der Erde hat.

Grundbegriffe

Innertropische Konvergenzzone
Hadley-Zelle
Ferrel-Zelle
Gradientkraft
ageostrophischer Wind
Corioliskraft
geostrophischer Wind
Frontalzone
Westwind-Jet
Rossby-Wellen
Konvergenz/Divergenz

Klimaklassifikationen

6

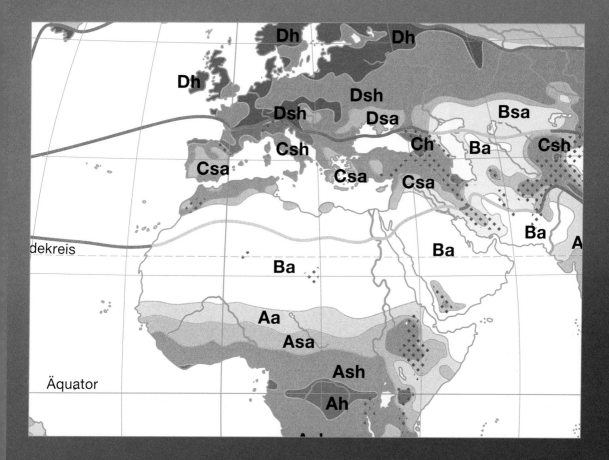

Durch die Fortschritte in der Klimaforschung ist es möglich geworden, das Klima der Erde zu klassifizieren. Die verschiedenen Ansätze lassen sich danach unterscheiden, ob die Einteilung in Klimazonen und Klimatypen eher auf den Ursachen oder auf den Wirkungen atmosphärischer Prozesse basiert. Ursachenorientierte Klimaklassifikationen beruhen auf den unterschiedlichen Ein- und Ausstrahlungsbedingungen der Atmosphäre. Wirkungsorientierte Ansätze klassifizieren Klimate unter anderem auf der Grundlage der Vegetation oder charakteristischer Klimaelemente wie Temperatur und Luftfeuchte.

Die Definition von Klimazonen basiert auf modellhaften Vereinfachungen des irdischen Klimas. Verschiedene Klassifikationen nutzen unterschiedliche Einteilungskriterien. Einige Ansätze orientieren sich an den Ursachen, andere an den Wirkungen klimatischer Prozesse.

Die World Meteorological Organisation (WMO) versteht „Klima" als Gesamtheit aller Klimafaktoren und Klimaelemente, die die klimatischen Gegebenheiten eines Ortes beeinflussen und charakterisieren. Nicht alle diese Parameter können im Rahmen einer Klimaklassifikation berücksichtigt werden. Zudem schränkt die zur Verfügung stehende Datenbasis die Auswahl der erfassbaren Klimagrößen oft erheblich ein. Will man das Klima eines Raumes charakterisieren, können folglich nur bestimmte Teilaspekte berücksichtigt werden. Darüber hinaus ist eine Klassifikation der Klimate zwangsläufig mit einer Reduktion auch in regionaler Hinsicht verbunden. So kommt es bei der Beschreibung der Klimaverhältnisse innerhalb einer Klimaregion zu Vereinheitlichungen, Vergröberungen und Abgrenzungen, die eigentlich nicht dem tatsächlichen „grenzenlosen Wandel" des irdischen Klimas entsprechen. Insbesondere die Grenzen, die aus methodischen Gründen zwischen den Klimazonen und -regionen gezogen werden müssen, suggerieren einen sprunghaften Wechsel der atmosphärischen Klimazustände, der in der Realität gar nicht vorhanden ist. Nur auf diese Weise lassen sich aber Räume mit jeweils relativ einheitlichem Klimacharakter differenzieren und vergleichen.

Bei der kartographischen Darstellung klimageographischer Sachverhalte ist eine weitere, darstellungsbedingte Reduktion unumgänglich. Hier bestimmen vor allem der gewählte Kartenmaßstab und der Verwendungszweck den Grad der notwendigen Generalisierung. Zwar nimmt der Informationsgehalt einer

M1: Feuchte Tropen: Zerstörung des tropischen Regenwaldes bei Kano, Nigeria

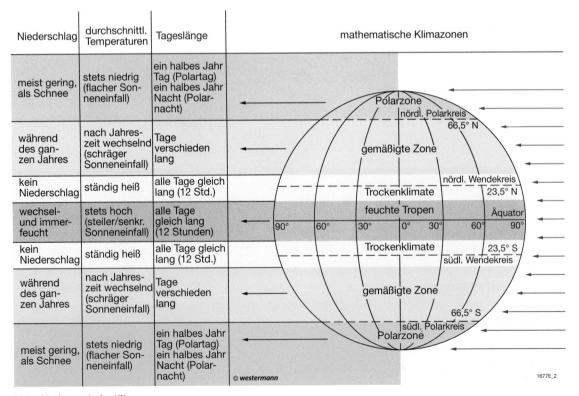

M2: Mathematische Klimazonen

Karte mit der Zahl der darin erfassten Klimaindikatoren zu, auf der anderen Seite wird jedoch die Lesbarkeit infolge der zunehmenden Komplexität der Darstellung erschwert. Dies erfordert Kompromisse zwischen Inhalt und Form von Klimakarten auf der einen sowie den Bedürfnissen der Anwender und den jeweiligen Fragestellungen auf der anderen Seite. Grundsätzlich lassen sich dabei eher an Ursachen orientierte (genetische) und eher wirkungsorientierte (effektive) Klassifikationsansätze unterscheiden.

Genetische Klimaeinteilungen

Genetische Klassifikationsansätze definieren die verschiedenen Klimate der Erde auf Basis der sie hervorrufenden Faktoren und Ursachen. Dass sich das Klima überhaupt in Klimazonen differenzieren lässt, ist begründet in den unterschiedlichen Summen ein- und ausgestrahlter Sonnenenergie, also in der Strahlungsbilanz. Streng genommen sind deshalb nur jene Klassifikationsansätze genetisch, deren Gliederungskriterien ausschließlich auf diesen Strahlungin- und -outputs beruhen. Eine einfache Form einer genetischen Klassifikation stellt die Einteilung in so genannte **mathematische Klimazonen** dar. Die Klimazonen bilden darin breitenkreisparallele Bänder mit jeweils ähnlichen Einstrahlungs- und Temperaturverhältnissen. Für gewöhnlich wird der Begriff der genetischen Klimaklassifikation aber etwas weiter gefasst. Neben Klassifikationsansätzen, die ausschließlich auf den unterschiedlichen Ein- und Ausstrahlungsbedingungen beruhen, werden auch Entwürfe eingeschlossen, die auf den Prozessen der daraus resultierenden Allgemeinen Zirkulation der Atmosphäre basieren. Dabei findet vor allem die charakteristische, gegebenenfalls jahreszeitlich wechselnde Lage der Luftdruck- und Windsysteme sowie die variierende Verbreitung und Häufigkeit bestimmter Luftmassen und Fronten Berücksichtigung.

M 3: Trockenklimate: Kieswüste (Serir) in Marokko

»

Die grundsätzlichen Vorteile genetischer Klimaklassifikationen liegen insbesondere in dem Versuch, die Entstehung und Verbreitung der einzelnen Klimate kausal zu begründen. Dadurch wird das Verständnis für die komplexen atmosphärischen und klimatischen Vorgänge auf einer globalen Ebene geschärft. Aufgrund der nur schlecht quantifizierbaren und damit abgrenzbaren Gliederungskriterien zeigt die Mehrzahl der genetischen Klimaklassifikationen zwar ein nur relativ schwach differenziertes, grob gerastertes Kartenbild. Dieser Umstand trägt aus didaktischer Sicht jedoch zu einer vorteilhaften Übersichtlichkeit der klimageographischen Raumgliederung und zumeist Einfachheit der Nomenklatur bei. Die Tatsache, dass die Gliederungskriterien genetischer Klimagliederungen in der Regel nur sehr schwer quantifizierbar sind, bringt allerdings auch Nachteile mit sich. Die Vergleichsmöglichkeiten verschiedener Klimate sind sehr eingeschränkt. Zudem lassen sich aufgrund dessen die einzelnen Klimazonen und -typen nicht eindeutig durch bestimmte klimatische Grenz-, Schwellen- oder Mittelwerte voneinander abgrenzen. [...] Klimakarten mit genetischem Ansatz sind durch sehr weiträumige und zum Teil kaum weiter differenzierte Klimaareale gekennzeichnet – ein Umstand, der sich aus ihrem grundsätzlichen Aufbauprinzip ergibt. Genetische Klassifikationen eignen sich daher nicht zu kleinräumigeren Klimaanalysen. Vielmehr sind diese Entwürfe durch ihren hochgradigen Modellcharakter gekennzeichnet, ohne in der Regel eine konkrete Nachprüfbarkeit im Einzelfall anhand bestimmter Stationsangaben und Raumbeispiele zu gewährleisten.

M 4: Quellentext zu genetischen Klimaeinteilung
Siegmund, A.: Angewandte Klimageographie (2006)

Nomenklatur
Gesamtheit von Begriffen oder Fachbezeichnungen, die für ein bestimmtes Fachgebiet bzw. einen Wissenschaftszweig gelten

Genetische Klimaklassifikationen eignen sich deshalb in besonderem Maße für Fragestellungen, die sich schwerpunktmäßig mit der allgemeinen Klimatologie und Klimageographie beschäftigen und großräumige, meist globale Kausalzusammenhänge [...] beleuchten wollen.

«

Effektive Klimaeinteilungen

Effektiven Klassifikationsansätzen liegt eine an den Wirkungen verschiedener Klimate orientierte Klimagliederung zugrunde. Sie versuchen die Folgen des irdischen Klimas für Landschaftsökosysteme, wie etwa Vegetation oder landwirtschaftliche Anbaubedingungen zu analysieren und zu klassifizieren. Dabei bedienen sich die effektiven Klassifikationen zur Typisierung der unterschiedlichen Klimate beobachtbarer, zumeist messbarer, charakteristischer Klimaelemente. Die dafür benötigten Daten werden durch ein Netz von Klimastationen gewonnen. So können einzelne Klimatypen durch eine Kombination verschiedener, genau definierter klimatischer Mittel-, Andauer-, Grenz- und Schwellenwerte voneinander differenziert und inhaltlich charakterisiert werden. Oft orientieren sich die Grenzverläufe zwischen den einzelnen Klimazonen und -typen an der klimabedingten Verbreitung der typischen natürlichen Pflanzenformationen. Dies ist insofern problematisch, als eine solche im engeren Sinne natürliche Vegetation nur noch vergleichsweise selten anzutreffen ist. Der große Vorteil effektiver Klimaklassifikationen besteht darin, dass sich einzelne Klimastationen den jeweiligen Klimazonen und -typen nach objektiven Kriterien klar und eindeutig zuordnen lassen. Zudem können räumlich differenzierte Aussagen über die Klimaverhältnisse in verschiedenen Regionen getroffen werden.

M 1: Polarzone: Ilulissat (Jakobshavn) in Grönland

M 2: Quellentext zur effektiven Klimaeinteilung
Siegmund, A.: Angewandte Klimageographie (2006)

»

Eines der Hauptprobleme aller effektiven Klassifikationsentwürfe liegt in der Verfügbarkeit einer ausreichenden Datengrundlage. Zwar lassen sich die einzelnen Parameter, die bei den jeweiligen Klassifikationen Verwendung finden, recht gut quantifizieren. Sie liegen jedoch in Form der Messdaten von Klimastationen nur punktuell und in einer unterschiedlichen räumlichen Dichte vor. Dadurch werden Interpolationen notwendig. Darüber hinaus stehen überhaupt nur von einer relativ beschränkten Anzahl von Klimaelementen Daten weltweit in einer ausreichenden Dichte zur Verfügung. Dennoch kommt effektiven Klimaklassifikationen eine zentrale Bedeutung bei der Analyse und Bewertung der Klimaverhältnisse eines Raumes zu. Sie ermöglichen einen raschen Überblick über die klimatisch bedingten naturräumlichen Gegebenheiten und geben dadurch unter anderem auch Aufschluss über die menschlichen Nutzungsmöglichkeiten. Indem die Klassifikationskriterien auf Klimadaten unterschiedlicher Zeiträume angewandt und verglichen werden, lassen sich mit effektiven Klassifikationsansätzen darüber hinaus Aspekte des globalen Klimawandels dokumentieren und bewerten.

«

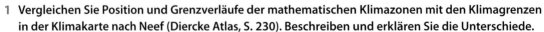

1 Vergleichen Sie Position und Grenzverläufe der mathematischen Klimazonen mit den Klimagrenzen in der Klimakarte nach Neef (Diercke Atlas, S. 230). Beschreiben und erklären Sie die Unterschiede.
2 Diskutieren Sie die Vorteile und Nachteile genetischer und effektiver Klassifikationen und beurteilen Sie, welcher Ansatz für welche Einsatzgebiete vorzugsweise geeignet ist.

 D1-230
www.diercke.de

Die klimageographische Forschung hat unterschiedliche Modelle zur Klassifikation der irdischen Klimate hervorgebracht. Seit dem Ende des 19. Jahrhunderts hat die Zahl solcher Klassifikationen vor dem Hintergrund neuer klimawissenschaftlicher Erkenntnisse zugenommen.

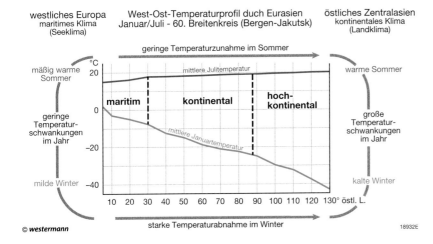

M3: Schema der thermischen Maritimität-Kontinentalität

Im deutschsprachigen Raum zählen die Arbeiten von **Flohn** (1950) und **Neef** (1954) zu den bekanntesten genetischen Ansätzen. Die Klimakarte von Neef geht auf das Jahr 1954 zurück. Sie wurde für die speziellen Belange des Geographieunterrichts, insbesondere zur Bearbeitung von Themen aus der allgemeinen Physischen Geographie entwickelt. Der Entwurf basiert auf den damals neuen Erkenntnissen über die Allgemeine Zirkulation der Atmosphäre. Neef unterscheidet in seiner Klimakarte sieben Hauptklimazonen und eine zusätzliche Hochgebirgsklimate. Die einzelnen Klimazonen werden dabei im Gegensatz zu den meisten effektiven Klimaklassifikationen nicht durch bestimmte Grenz-, Andauer- und Schwellenwerte verschiedener Klimaelemente definiert. Die Einteilung basiert vielmehr auf der großräumigen Verteilung von Druck- und Windgürteln, die von der allgemeinen planetarischen Zirkulation in der Atmosphäre und vom Einfluss der Kontinente und Ozeane auf die Luftdruckverteilung gesteuert werden. Die Karte gibt die mittlere Verbreitung und den damit verbundenen Einflussbereich der jahreszeitlich wandernden planetarischen Druck- und Windgürtel wieder.

Einige der Klimazonen werden noch weiter in **Klimatypen** differenziert. So wird die Passatklimazone in einen trockenen und einen feuchten Klimatyp unterteilt, die subtropische Klimazone in ein Winterregenklima der Westseiten und ein subtropisches Ostseitenklima. Die gemäßigte Klimazone wird in Abhängigkeit von dem ins Innere der Kontinente abnehmenden thermischen und hygrischen Einfluss der Ozeane, dem sogenannten **Kontinentalitätsgrad**, in fünf verschiedene Klimatypen unterteilt. Auf diese Weise lässt sich ein Seeklima der Westseiten unterscheiden von einem Übergangsklima, einem kühlen Kontinentalklima, einem sommerheißem Kontinentalklima mit Frühjahrsregen und einem Ostseitenklima. Eine genaue Definition und quantitative Abgrenzung der verschiedenen Klimatypen findet nicht statt. Auf diese Weise weist die Klimakarte von Neef 14 verschiedene Klimazonen beziehungsweise -typen aus, die durch eine zusätzliche grafische Kennzeichnung der Trockengebiete der Erde ergänzt wird.

Klimatyp
Da es auch innerhalb einer Klimazone signifikante Unterschiede bei den Klimaverhältnissen gibt, zieht man Klimatypen heran, um die verschiedenen Regionen klimatisch weiter zu untergliedern. Die Mittleren Breiten werden in Europa beispielsweise häufig nach dem Grad der Kontinentalität unterteilt.

D1-230
www.diercke.de

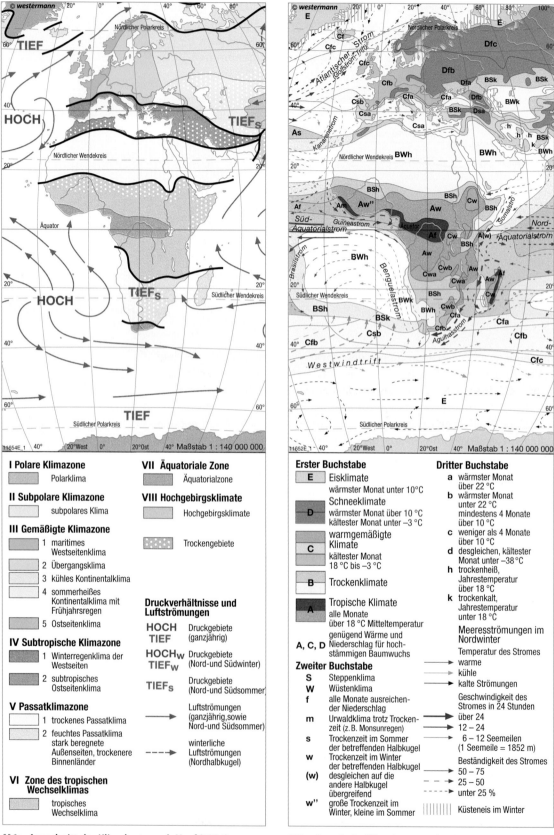

I Polare Klimazone

Polarklima

II Subpolare Klimazone

subpolares Klima

III Gemäßigte Klimazone

1 maritimes Westseitenklima

2 Übergangsklima

3 kühles Kontinentalklima

4 sommerheißes Kontinentalklima mit Frühjahrsregen

5 Ostseitenklima

IV Subtropische Klimazone

1 Winterregenklima der Westseiten

2 subtropisches Ostseitenklima

V Passatklimazone

1 trockenes Passatklima

2 feuchtes Passatklima stark beregnete Außenseiten, trockenere Binnenländer

VI Zone des tropischen Wechselklimas

tropisches Wechselklima

VII Äquatoriale Zone

Äquatorialzone

VIII Hochgebirgsklimate

Hochgebirgsklimate

Trockengebiete

Druckverhältnisse und Luftströmungen

HOCH / TIEF — Druckgebiete (ganzjährig)

HOCH$_W$ / TIEF$_W$ — Druckgebiete (Nord-und Südwinter)

TIEF$_S$ — Druckgebiete (Nord-und Südsommer)

→ Luftströmungen (ganzjährig, sowie Nord-und Südsommer)

---> winterliche Luftströmungen (Nordhalbkugel)

M1: Ausschnitt der Klimakarte nach Neef (1954)

Erster Buchstabe

E Eisklimate
wärmster Monat unter 10°C

Schneeklimate
D wärmster Monat über 10 °C
kältester Monat unter −3 °C

warmgemäßigte Klimate
C kältester Monat
18 °C bis −3 °C

B Trockenklimate

Tropische Klimate
A alle Monate über 18 °C Mitteltemperatur

A, C, D — genügend Wärme und Niederschlag für hochstämmigen Baumwuchs

Zweiter Buchstabe

S Steppenklima

W Wüstenklima

f alle Monate ausreichender Niederschlag

m Urwaldklima trotz Trockenzeit (z. B. Monsunregen)

s Trockenzeit im Sommer der betreffenden Halbkugel

w Trockenzeit im Winter der betreffenden Halbkugel

(w) desgleichen auf die andere Halbkugel übergreifend

w'' große Trockenzeit im Winter, kleine im Sommer

Dritter Buchstabe

a wärmster Monat über 22 °C

b wärmster Monat unter 22 °C mindestens 4 Monate über 10 °C

c weniger als 4 Monate über 10 °C

d desgleichen, kältester Monat unter −38 °C

h trockenheiß, Jahrestemperatur über 18 °C

k trockenkalt, Jahrestemperatur unter 18 °C

Meeresströmungen im Nordwinter

Temperatur des Stromes
→ warme
→ kühle
→ kalte Strömungen

Geschwindigkeit des Stromes in 24 Stunden
→ über 24
→ 12 – 24
→ 6 – 12 Seemeilen (1 Seemeile = 1852 m)

Beständigkeit des Stromes
→ 50 – 75
--→ 25 – 50
··→ unter 25 %

||||||| Küsteneis im Winter

M2: Ausschnitt Klimakarte nach Köppen/Geiger (1928)

Die effektive Klassifikation nach Köppen und Geiger (1928)

Bereits Ende des 19. Jahrhunderts entwickelte Köppen erste Ansätze zur Klassifizierung des irdischen Klimas. Da das weltweite Klimastationennetz um die Jahrhundertwende jedoch noch große Lücken aufwies, nutzte er die natürliche Vegetation als Klimaindikator. Köppen ging von bestimmten Vegetationszonen aus und versuchte die entsprechenden Klimate durch verschiedene Klimaparameter zu charakterisieren und zu quantifizieren. Im Jahr 1928 entstand in Zusammenarbeit mit Geiger eine Klimawandkarte mit ihrem bis heute weitgehend beibehaltenen Erscheinungsbild. Köppen und Geiger unterscheiden in ihrer Klimakarte fünf Hauptklimazonen und kennzeichnen diese mit den Großbuchstaben A bis E. Vier dieser Hauptklimate sind thermisch definiert (A, C, D, E), eines hygrisch (B). Die einzelnen Klimazonen werden durch genau definierte Schwellenwerte der Temperatur und des Niederschlags eindeutig voneinander abgegrenzt. Zur Abgrenzung der hygrisch definierten Trockenklimate (B) gegenüber den anderen Klimaten ziehen die Autoren verschiedene Formeln heran, die die **Jahresdurchschnittstemperatur t** (in °C) den **Jahressummen des Niederschlags r** (in Zentimeter!) gegenüberstellen:

hygrisch
Den Niederschlag oder die Feuchtigkeit betreffend

Ein Klima wird nach Köppen/Geiger als trocken definiert, wenn

bei sommerlichem Niederschlagsmaximum: $r < 2t + 28$

bei ganzjähriger Niederschlagsverteilung: $r < 2t + 14$

bei winterlichem Niederschlagsmaximum: $r < 2t$

Von einem sommerlichen oder winterlichen Niederschlagsmaximum wird dann gesprochen, wenn in der entsprechenden Jahreszeit im Durchschnitt mehr als 70 Prozent der jährlichen Niederschlagsmenge fällt. Innerhalb des Bereiches der Trockenklimate unterscheiden Köppen und Geiger zusätzlich zwischen einem etwas feuchteren Steppenklima (BS) und einem Wüstenklima (BW). Ein Wüstenklima liegt vor, wenn

Trockenklimate
Köppen/Geiger definieren ein Klima als trocken, wenn die Jahressummen der Niederschläge unterhalb einer Trockengrenze bleiben, die von der Jahresdurchschnittstemperatur und der Niederschlagsverteilung definiert wird.

bei sommerlichem Niederschlagsmaximum: $r < t + 14$

bei ganzjähriger Niederschlagsverteilung: $r < t + 7$

bei winterlichem Niederschlagsmaximum: $r < t$ ●

Die thermischen Hauptklimatypen A, C und D werden nach der jahreszeitlichen Verteilung der Niederschläge weiter untergliedert. Köppen und Geiger unterscheiden wintertrockene (w) und **sommertrockene** (s) Klimatypen sowie Klimate ohne eine ausgesprochene Trockenzeit (f). Als wintertrocken wird ein Klima dann bezeichnet, wenn der niederschlagsreichste Monat des Sommers eine mindestens zehn Mal höhere Regenmenge verzeichnet als der trockenste Wintermonat. Erreicht die Niederschlagsmenge des feuchtesten Monats im Winter mindestens den dreifachen Wert des trockensten Sommermonats, so gilt das entsprechende Klima als sommertrocken. Sind die jahreszeitlichen Schwankungen der monatlichen Niederschlagssummen geringer als für die Definition

wintertrocken
Klimatyp nach Köppen/Geiger mit winterlicher Trockenzeit. Kommt in der Klassifikation als Klimatyp der tropischen Klimate (Savannenklima), warmgemäßigten Klimate und Schneeklimate vor.

von w- und s-Klimaten gefordert, wird ein f-Klima mit mehr oder weniger ganzjährigen Niederschlägen ausgewiesen. Im Bereich der tropischen Klimate (A) kommt darüber hinaus eine Mittelform (m) zwischen f- und w-Klimaten vor. Darüber hinaus treten in der Klimakarte noch einige Sonderformen auf, mit Regenmaxima im Herbst oder einem zweigipfligen Niederschlagsgang mit großer Trockenzeit im Winter und kleiner im Sommer. Innerhalb der Trockenklimate (B) fehlt eine solche Untergliederung. Hier werden entlang der 18°C-Isotherme der Jahresdurchschnittstemperatur heiße (h) Trockenklimate von kalten (k) getrennt.

Die Klimakarte von Lauer und Frankenberg (1988)

Die Grundlage der Klimakarte von Lauer und Frankenberg (1988) bildet die unterschiedliche Bestrahlung des Erdkörpers durch die Sonne. In ihrer Klassifikation teilen sie das irdische Klima auf Basis der Tageslängenschwankung (TLS) in fünf Klimazonen ein: Am Äquator bleibt die Tageslänge immer gleich, an den Wendekreisen variiert sie lediglich zwischen 10,5 und 13,5 Stunden. Demzufolge fallen die Wendekreise mit der **Linie der Tageslängenschwankung von drei Stunden** (TLS 3) zusammen. Die Polarkreise bilden neben den Wendekreisen die zweiten eindeutigen solarklimatischen Grenzen des irdischen Klimas. Polwärts der Polarkreise treten Polartag (mindestens ein Tag mit 24 Stunden Sonneneinstrahlung) und Polarnacht (mindestens ein Tag mit 24 Stunden ohne Sonneneinstrahlung) auf. Die Tageslängenschwankung zwischen Winter und Sommer beträgt demnach in dieser Zone 24 Stunden. In den Polarregionen (D) nimmt polwärts die Länge von Polarnacht und Polartag zu, bis an den Polen exakt sechs Monate des Jahres in die Polarnacht und die andere Hälfte des Jahres in den Polartag fallen. Während des Kern-Polartages des Nordpols steht die Sonne ganztägig in einem Winkel von mehr als 20 Grad am Horizont.

Unter dem „Dach" der solaren Klimazonen A bis D findet in der Klimakarte von Lauer und Frankenberg eine ökologisch fundierte Klimatypisierung auf einer thermischen (Wärmehaushalt) und einer hygrischen (Wasserhaushalt) Dimension statt. In den Tropen werden dabei Kalt- (1) und Warmtropen (2) unterschieden. Die Warmtropen sind völlig frostfrei. Die Kalttropen umfassen den Bereich der tropischen Höhenklimate, in denen Frost auftritt, wobei mit zunehmender Höhe die Zahl der Frostwechseltage ansteigt. Außerhalb der Tropen (Ektropen) werden die Klimatypen auf der Grundlage einer recht komplexen Formel nach Ivanov nach dem jeweiligen Grad ihrer thermischen **Maritimität** oder **Kontinentalität** in drei Klassen eingeteilt: hochkontinental (1), kontinental (2) und maritim (3). Bei einem Kontinentalitätsgrad nach Ivanov unter 100 Prozent gilt ein Klimatyp als maritim, zwischen 100 und 200 Prozent als kontinental. Die unterschiedlichen Kontinentalitätsklassen werden in der Klimakarte durch farbliche Abstufungen innerhalb des Farbgrundtons der jeweiligen Klimazone dargestellt. Die Anzahl der humiden Monate bildet die zweite Dimension für die Unterscheidung der Klimatypen in den einzelnen Klimazonen. Als humid gilt ein Monat dann, wenn das Niederschlagsaufkommen (N) die Höhe der potenziellen Verdunstung der realen Landschaft (potenzielle Landschaftsverdunstung, pLV, siehe Kap. 4.2) erreicht oder übersteigt (N ≥ pLV). Andernfalls ist ein Monat arid (N < pLV). Auf diese Weise lässt sich durch die monatliche Gegenüberstellung der Niederschläge und potenziellen Landschaftsverdunstung die Zahl der **ariden** oder **humiden** Monate ermitteln. Der Humiditäts- oder Ariditätsgrad einer Region wird anhand der Zahl humider Monate mit den gängigen Begriffen von arid bis humid beschrieben:

Tageslängenschwankung
Die Tageslängenschwankung (TLS) ergibt sich aus der Tageslänge zur Zeit der Sommersonnenwende und der Tageslänge zur Zeit der Wintersonnenwende der jeweiligen Hemisphäre. Die TLS nimmt von den niederen zu den höheren Breiten hin zu.

A	**Tropisches Regenwaldklima ohne Winter** Die Mitteltemperatur bleibt in allen Monaten über 18 °C.
B	**Trockenklima** Die Niederschläge bleiben unterhalb einer von Temperatur und Niederschlagsverteilung abhängigen Trockengrenze. Mit r = jährliche Niederschlagssumme in cm und t = Jahresmittel der Temperatur in °C errechnet sich die Grenze bei vorherrschendem Winterregen: r = 2t bei gleichmäßiger Niederschlagsverteilung: r = 2t + 14 bei vorherrschendem Sommerregen: br = 2t + 28
C	**Warm-gemäßigtes Klima** Die Temperatur des kältesten Monats liegt zwischen + 18 und – 3 °C.
D	**Boreales oder Schnee-Wald-Klima** Die Temperatur des kältesten Monats liegt unter – 3 °C, die Temperatur des wärmsten bleibt über + 10 °C.
E	**Schneeklima** Die Mitteltemperatur des wärmsten Monats liegt unter + 10 °C.

M 1: Klimazonen bei Köppen und Geiger

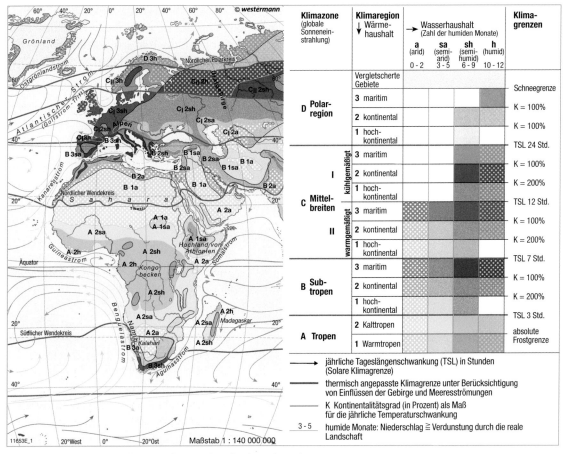

M2: Ausschnitt der Klimakarte nach Lauer/Frankenberg (1988)

ⓘ

arid (a):   *0 – 2 humide Monate*
semiarid (sa):   *3 – 5 humide Monate*
semihumid (sh):   *6 – 9 humide Monate*
humid (h):   *10 – 12 humide Monate*

Mithilfe einer Buchstaben-Zahlen-Kombination, die zur Untergliederung der einzelnen Klimazonen und -regionen verwendet wird, lässt sich ein bestimmter Klimatyp einfach über eine Formel ausdrücken: A2sa stellt beispielsweise ein semiarides Klima der Warmtropen dar, B2h steht für ein kontinentales, humides Subtropenklima. Insgesamt umfasst der Klassifikationsentwurf von Lauer und Frankenberg aus dem Jahr 1988 durch seine dreistufige Klimagliederung theoretisch 56 Klimatypen, von denen jedoch nur 40 auf der nicht vergletscherten Erdoberfläche durch verschiedene Farbgebungen und Rasterungen ausgewiesen sind.

1 Definieren Sie mithilfe von Schema M3, S. 97, die Begriffe maritim, kontinental und hochkontinental.
2 Arbeiten Sie Unterschiede und Gemeinsamkeiten der Ansätze von Köppen/Geiger und Lauer/Frankenberg heraus und stellen Sie diese stichwortartig in einer Tabelle gegenüber.
3 Beurteilen Sie aufgrund der Gegenüberstellung Vor- und Nachteile beider Ansätze.

Vor dem Hintergrund der Kritik an bestehenden Klassifikationssystemen hat Siegmund (1995) einen neuen Ansatz zur Klassifikation der irdischen Klimate entwickelt, der sich flexibel an die Bedürfnisse verschiedener Anwender anpassen lässt. Darauf basiert die Klimakarte nach Siegmund und Frankenberg.

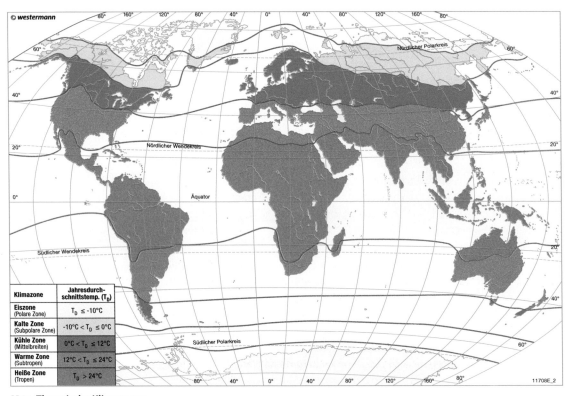

Klimazone	Jahresdurch-schnittstemp. (T_D)
Eiszone (Polare Zone)	$T_D \leq -10°C$
Kalte Zone (Subpolare Zone)	$-10°C < T_D \leq 0°C$
Kühle Zone (Mittelbreiten)	$0°C < T_D \leq 12°C$
Warme Zone (Subtropen)	$12°C < T_D \leq 24°C$
Heiße Zone (Tropen)	$T_D > 24°C$

M 1: Thermische Klimazonen nach Siegmund/ Frankenberg

klimatologische Standard-periode
Von der World Meteorological Organisation (WMO) auf jeweils 30 Jahre festgelegter Zeitabschnitt zur Bestimmung von klimatologischen Normwerten. Die Normwerte sollten aus vollständigen und möglichst homogenen Mess-reihen der entsprechenden 30-jährigen Standardperioden (1901 – 1930, 1931 – 1960, 1961 – 1990) berechnet werden.

Die bisher vorgestellten Klassifikationsansätze versuchen, sämtliche Glie-derungsebenen zur Einteilung des irdischen Klimas in einer Klimakarte dar-zustellen. Demgegenüber beruht das Konzept von Siegmund auf einer Art „Baukastensystem", in dem sukzessive verschiedene Klassifikationsstufen eingeführt werden. Basierend auf einer relativ einfach strukturierten Einteilung des Weltklimas in fünf Klimazonen lässt sich die Klassifikation auf diese Weise nach und nach ausbauen. Aufbau und Komplexitätsgrad der Klimaeinteilung lassen sich so an die Bedürfnisse des jeweiligen Anwenders anpassen. Die Klimakarten basieren auf den Daten der klimatologischen Standardperiode von 1961 bis 1990. Sie stellen damit die aktuelle globale Verbreitung von Kli-mazonen und Klimatypen dar. Ausgangspunkt für sämtliche Klassifikationskri-terien sind die drei Klimaelemente Temperatur, Niederschlag und potenzielle Landschaftsverdunstung.

Klimazonen

Grundlage der Klimagliederung nach Siegmund und Frankenberg (2008) ist die Einteilung des irdischen Klimas in vier thermisch definierte Klimazonen. Diese werden auf der ersten Klassifikationsebene auf Basis der **Jahresdurch-schnittstemperaturen (T_D)** definiert. Mit ihrer Hilfe lassen sich vier thermische Klimazonen voneinander abgrenzen:

ℹ️

Tropen (Heiße Zone) (A):	T_D	$>$	$24°C$
Subtropen (Warme Zone) (C):	$12°C$	$< \quad T_D$	$\leq 24°C$
Mittelbreiten (Kühle Zone) (D):	$0°C$	$< \quad T_D$	$\leq 12°C$
Subpolare Zone (Kalte Zone) (E):	$-10°C$	$< \quad T_D$	$\leq 0°C$
Polare Zone (Eiszone) (F):	T_D	$\leq$	$-10°C$ ⬤

In einem zweiten Schritt finden die Trockenklimate Berücksichtigung. Analog zur Jahresdurchschnittstemperatur dient dabei die **Jahressumme des Niederschlags** als Einteilungskriterium. Damit lassen sich grob jene Regionen der Erde abgrenzen, in denen der permanente oder periodische Wassermangel den eigentlichen raumprägenden Klimafaktor darstellt. Die Trockenklimate (B) werden durch die 250 mm-Isohyete der jährlichen Niederschlagsmenge von den übrigen Klimaten abgegrenzt. Dies gilt jedoch nur für die Tropen, Subtropen und die Mittelbreiten, nicht für polare und subpolare Kältewüsten, bei denen trotz der geringen Niederschläge vor allem die Temperatur die entscheidenden naturräumlichen und ökologischen Grenzen setzt. Die Trockenklimate sind den thermischen Klimazonen überlagert, wobei die Grenzverläufe zwischen den verschiedenen Temperaturzonen erkennbar bleiben.

Isohyete
Linie gleicher Niederschlagsmenge

Hygrische Klimatypen

Die nächste Klassifikationsstufe nutzt den Wasserhaushalt als Gliederungskriterium. Dabei kommt der wissenschaftlich fundierte Humiditätsbegriff nach Lauer und Frankenberg zur Anwendung: Erreicht oder übersteigt die Niederschlagsmenge eines Monats den jeweiligen Wert der potenziellen Landschaftsverdunstung (N ≥ pLV), so wird dieser Monat als **humid** definiert, im umgekehrten Fall (N < pLV) als **arid**. Durch die Anzahl humider Monate lassen sich entsprechend der Definition von Lauer und Frankenberg (siehe 6.2) vier hygrische Klimatypen unterscheiden: arid (a), semiarid (sa), semihumid (sh), humid (h).

»

Ein besonderes Problem stellt die Zuordnung der Höhenklimate dar. Köppen/ Geiger (1928) ordnen diese auf der Basis bestimmter Schwellen- und Grenzwerte der Temperatur entsprechenden Tieflandklimaten höherer Breiten zu. [...] Anders bei Lauer/Frankenberg (1988): Dort werden die Höhenklimate innerhalb der tropischen Zone als gesonderter Klimatyp der zugehörigen Tieflandklimate gleicher Breite ausgewiesen. Der neue Klassifikationsansatz dehnt diese aus fachlicher und didaktischer Sicht sinnvolle Vorgehensweise auf alle Klimazonen aus. Dabei entsteht jedoch das Problem, wie die Höhenklimate auch quantitativ auf die zugehörige Tieflandklimate bezogen werden können, wären sie doch allein auf der Grundlage der tatsächlich gemessenen Jahresdurchschnittstemperatur einer kälter temperierten Klimazone zuzuordnen. [...] Aus diesem Grund findet die Höhenlage einer Station Berücksichtigung. Hierbei wird vereinfachend von einem einheitlichen vertikalen Temperaturgradienten von 0,5°C pro 100 m ausgegangen: Pro

M2: Quellentext zu Höhenklimaten
Siegmund, A.: Angewandte Klimageographie (2006)

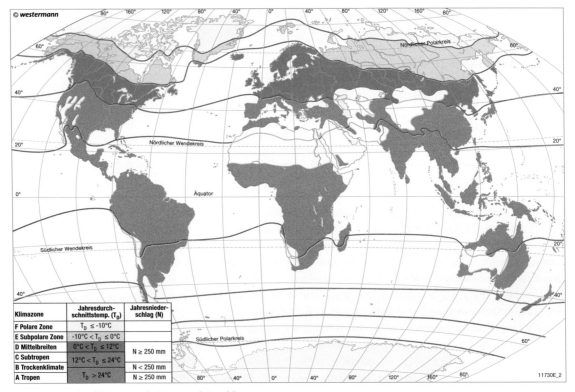

Klimazone	Jahresdurch-schnittstemp. (T$_D$)	Jahresnieder-schlag (N)
F Polare Zone	T$_D$ ≤ -10°C	
E Subpolare Zone	-10°C < T$_D$ ≤ 0°C	
D Mittelbreiten	0°C < T$_D$ ≤ 12°C	N ≥ 250 mm
C Subtropen	12°C < T$_D$ ≤ 24°C	
B Trockenklimate		N < 250 mm
A Tropen	T$_D$ > 24°C	N ≥ 250 mm

M 1: Die Trockenklimate nach Siegmund/Frankberg

100 Höhenmeter sinkt die Temperatur um 0,5°C. Mithilfe der Angaben zur Höhe einer Klimastation lässt sich die Jahresdurchschnittstemperatur so auf Meeresniveau „zurückrechnen". Dieser errechnete höhere Wert liegt für gewöhnlich im Definitionsbereich der entsprechenden Tieflandklimate gleicher Breite. In der Karte werden diese Bereiche des Höhenklimas ab der zweiten Ausbaustufe grafisch hervorgehoben […].

«

Thermische Klimatypen

Die zur Einteilung der Klimazonen verwendeten Jahresdurchschnittstemperaturen reichen allein nicht aus, um den Wärmehaushalt der verschiedenen Klimate zu charakterisieren. Aus diesem Grund kommt auf der dritten Klassifikationsebene der thermische Kontinentalitätsgrad zur Anwendung. Dieser basiert in der Klassifikation von Siegmund/Frankenberg (2008) auf der Jahresamplitude der **monatlichen Durchschnittstemperaturen (T$_A$)**. Mit ihrer Hilfe lassen sich im Rahmen der Klimaklassifikation vier Kontinentalitäts- oder Maritimitätsgrade unterscheiden.

Jahresamplitude
In der Physik bezeichnet die Amplitude die maximale Auslenkung einer sinusförmigen Schwingung. Hier: der maximale positive Ausschlag der Kurve der monatlichen Durchschnittstemperatur innerhalb eines Jahres.

Dieses Kriterium wird jedoch nur im Bereich der außertropischen Klimazonen angewandt. Innerhalb der Tropen sind die jährlichen Temperaturschwankungen zu gering, als dass sich mithilfe der Jahresamplitude der Temperatur eine sinnvolle Untergliederung vornehmen ließe. Hier werden durch die **24°C-Isotherme der Jahresdurchschnittstemperatur,** die bereits bei der zonalen Abgrenzung der Tropen Verwendung findet, Warm- und Kalttropen voneinander unterschieden. In der Karte entspricht die Lage der Kalttropen derjenigen der grafisch hervorgehobenen Höhenklimate innerhalb der tropischen Zone.

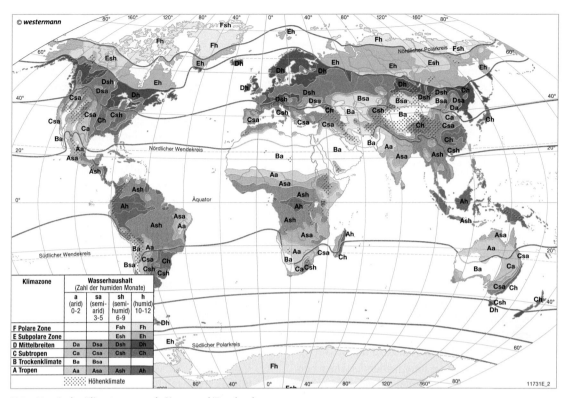

Klimazone	Wasserhaushalt (Zahl der humiden Monate)			
	a (arid) 0-2	sa (semi-arid) 3-5	sh (semi-humid) 6-9	h (humid) 10-12
F Polare Zone			Fsh	Fh
E Subpolare Zone			Esh	Eh
D Mittelbreiten	Da	Dsa	Dsh	Dh
C Subtropen	Ca	Csa	Csh	Ch
B Trockenklimate	Ba	Bsa		
A Tropen	Aa	Asa	Ash	Ah
Höhenklimate				

M 2: Hygrische Klimatypen nach Siegmund/Frankenberg

hochmaritim (1):	T_A	$\leq$	$10\,°C$
maritim (2):	$10\,°C <$	T_A	$\leq\ 20\,°C$
kontinental (3):	$20\,°C <$	T_A	$\leq\ 40\,°C$
hochkontinental (4):	T_A	$>$	$40\,°C$

Den Warmtropen wird in der Klimaformel die Schlüsselziffer 5 zugeordnet, den Kalttropen die 6. In den Außertropen erfolgt die Kennzeichnung der thermischen Kontinentalitätsgrade mit den Zahlen 1 (hochmaritim) bis 4 (hochkontinental). Durch die Zusammensetzung der damit verbundenen Kennbuchstaben und -ziffern für die Klimazonen und die Klimatypen ergibt sich eine dreigliedrige Klimaformel. So liegen beispielsweise weite Teile Mitteleuropas in einem semihumiden, maritimen Klima der Mittelbreiten, das mithilfe der Klimaformel als Dsh2-Klimate abgekürzt werden kann.

1 Beschreiben Sie mithilfe der Kartenbeispiele die Klassifikationsstufen der Klimakarte nach Siegmund/Frankenberg und diskutieren Sie die Vorteile eines solchen „Baukastensystems".
2 Nehmen Sie Ihre Tabelle aus Kap. 6.2, Aufgabe 2, vor und fügen Sie eine Spalte hinzu, in der Sie den Ansatz von Siegmund/Frankenberg stichpunktartig beschreiben.
3 Arbeiten Sie Unterschiede und Gemeinsamkeiten zu den Ansätzen von Köppen/Geiger und Lauer/Frankenberg heraus und diskutieren Sie Vor- und Nachteile der Einteilungskriterien.

D1-226
www.diercke.de

Klimaklassifikationen

Die Einteilung des Klimas

Unter „Klima" versteht man die Gesamtheit aller Klimafaktoren und Klimaelemente, die einen Ort charakterisieren. Klimaklassifikationen können nicht alle diese Parameter berücksichtigen, sondern beschränken sich auf eine Auswahl von Indikatoren. Zwar würde der Informationsgehalt einer Klimakarte mit der Zahl der ausgewählten Klimaindikatoren und einer höheren räumlichen Auflösung zunehmen. Die Lesbarkeit der Karte wird jedoch erschwert. Darüber hinaus bestimmen Entscheidungen wie der gewählte Kartenmaßstab und der Verwendungszweck den Charakter einer Klimaeinteilung.

Genetische und effektive Klimaeinteilung

Grundsätzlich lassen sich eher an Ursachen orientierte und eher wirkungsorientierte Klassifikationsansätze unterscheiden. Genetische Ansätze definieren Klimate auf der Basis der sie hervorrufenden Ursachen: den unterschiedlichen Summen der ein- und ausgestrahlten Energiemenge. Als genetisch gelten auch solche Ansätze, die auf der daraus resultierenden Allgemeinen Zirkulation der Atmosphäre basieren. Effektiven Klassifikationsansätzen liegt eine an Wirkungen orientierte Klimagliederung zugrunde. Im Fokus stehen dabei die Auswirkungen des irdischen Klimas auf Landschaftsökosysteme wie Vegetation oder landwirtschaftliche Anbaubedingungen. Hierzu werden messbare, charakteristische Klimaelemente herangezogen. Die umfangreichen Daten, die für effektive Klassifikationen nötig sind, werden mit einem Netz von Klimastationen gewonnen.

Traditionelle Klassifikationen

Zu den bekanntesten genetischen Klassifikationen im deutschsprachigem Raum zählt der Ansatz von Flohn und Neef, der auf den Erkenntnissen zur Allgemeinen Zirkulation der Atmosphäre basiert. Die Einteilung orientiert sich an den großräumigen Druck- und Windgürteln und gibt deren Einfluss und mittlere Verbreitung wieder. Ein Beispiel für eine effektive Klassifikation ist der Ansatz von Köppen und Geiger. Die Autoren unterscheiden fünf teils thermisch, teils hygrisch definierte Hauptklimazonen, die durch Temperatur- oder Niederschlagsschwellenwerte exakt beschrieben werden. Eine ökologisch definierte Klimaeinteilung haben Lauer und Frankenberg vorgelegt. Einteilungskriterien sind neben der solaren Einstrahlung der Wasser- und Wärmehaushalt sowie die Maritimität oder Kontinentalität einer Region.

Die Klimakarte nach Siegmund und Frankenberg

Statt wie traditionelle Klassifikationen sämtliche Gliederungsebenen in einer Karte darzustellen, führt dieser Ansatz nacheinander verschiedenen Klassifikationsstufen ein und baut seine Klassifikation so immer weiter aus: Zunächst werden auf der ersten Klassifikationsebene thermisch definierte Klimazonen beschrieben, die dann durch die Berücksichtigung von Trockenklimaten, hygrischen Klimatypen und den thermischen Kontinentalitätsgrad weiter differenziert werden. Die Klimakarten lassen sich so flexibel an die Bedürfnisse der Anwender anpassen.

Aufgaben

1 Beschreiben Sie die mathematischen Klimazonen der Erde und diskutieren Sie Vor- und Nachteile des dabei angewandten Klassifikationsprinzips.

2 Nennen Sie Beispiele für genetische und effektive Klimaeinteilungen und erläutern Sie anhand der von Ihnen genannten Beispiele die grundlegenden Prinzipien, die bei der Klassifikation von Klimaten angewandt werden.

3 Beschreiben Sie die grundsätzlichen methodischen Probleme bei der Einteilung des Klimas in Klimazonen und bei der Erstellung von Klimakarten.

Grundbegriffe

genetische Klimaeinteilung
mathematische Klimazonen
effektive Klimaeinteilung
Klimatypen
Maritimität
Kontinentalität
arid
humid
Tageslängenschwankung
hygrische Klimatypen
thermische Klimatypen

Mensch und Klima

Der Mensch greift auf vielfältige Weise in das Klimageschehen ein. Städte bilden künstliche Landschaften, deren Klimaeigenschaften sich teilweise stark von denen des Umlandes unterscheiden. Durch den Ausstoß industrieller Gase wird das Klima im globalen Maßstab verändert – mit gravierenden Konsequenzen. Besonders folgenreich für tierische und pflanzliche Organismen ist der Abbau der schützenden Ozonschicht durch Fluorchlorkohlenwasserstoffe. Die Emission von klimawirksamen Treibhausgasen führt zu einer globalen Erwärmung, die sich auf die Lebensbedingungen von Menschen, Tieren und Pflanzen auswirkt.

Klimatische Vorgänge werden oft aus einer eher großräumigen Perspektive betrachtet. Neben solchen makroklimatischen Prozessen beschäftigt sich die Klimatologie aber auch mit klimatischen Vorgängen und Erscheinungen kleinerer Räume. Einfluss auf das Geländeklima haben vor allem das lokale Relief und die unterschiedliche Landnutzung.

Gegenstand der Geländeklimatologie sind klimatische Prozesse und deren Auswirkungen im regionalen Maßstab, die durch Eigenschaften der bewachsenen oder unbewachsenen Erdoberfläche hervorgerufen werden. Größenmäßig liegt der betrachtete Raumausschnitt – zum Beispiel ein Tal, ein Küstenabschnitt oder ein Höhenzug – zwischen dem **Makroklima**, das Klimaprozesse aus großräumiger Perspektive beschreibt, und dem **Mikroklima**, bei dem der unmittelbare Einflussbereich der Bodenoberfläche betrachtet wird. Man spricht beim Geländeklima deshalb von Mesoklima. Neben Faktoren, die auch das Makroklima beeinflussen, wie Breitengrad, Kontinentalität oder Höhenlage, bestimmen Eigenschaften wie Bodenbeschaffenheit, Bewuchs oder Relief und Geländeform das Mikro- und Mesoklima. Dieser Einfluss kann die makroklimatischen Klimagrößen überlagern. Einzelne Klimaelemente eines Landschafts- oder Bodenabschnitts wie die Durchschnittstemperatur, Windgeschwindigkeit oder relative Luftfeuchtigkeit können deshalb stark von den makroklimatischen Durchschnittswerten abweichen.

Mesoklima
Das Mesoklima beschreibt Klimate mit einer Ausdehnung von einigen Hundert Metern bis zu wenigen Hundert Kilometern. Zum Mesoklima werden beispielsweise das Stadtklima oder die unterschiedlichen Geländeklimate gezählt.

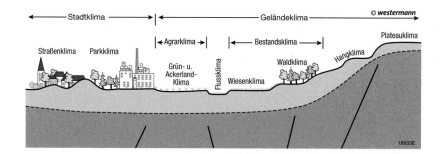

M1: Mikro- und Mesoklima

M2: Das dichte Kronendach des tropischen Regenwaldes bewirkt, dass der größte Teil der solaren Strahlung bereits an der sonnenzugewandten Seite der Vegetation in Wärme umgesetzt oder reflektiert wird.

Besondere Bedeutung für das thermische Mikroklima hat die **Wärmeleitfähigkeit** des Bodens. Geht man von einem ebenen und vegetationslosen Gelände aus, dann weichen dort die Oberflächentemperaturen am Tage und in der Nacht umso stärker voneinander ab, je schlechter der Boden in der Lage ist, Wärme weiterzuleiten. Bei schlechter Wärmeleitfähigkeit kann kaum Wärme in den Untergrund transportiert werden. Deshalb heizt sich die Bodenoberfläche bei Strahlungswetterlagen tagsüber stark auf. Nachts kühlt der Boden dann stark aus, weil keine gespeicherte Wärme aus den tieferen Schichten an die Oberfläche geleitet werden kann.

Auch der Bewuchs hat Einfluss auf den Strahlungs- und Wärmehaushalt der Landschaft. Schon eine relativ niedrige Pflanzendecke aus Gras oder Getreide sorgt dafür, dass bei ausreichend dichter Vegetationsdecke nur ein geringer Teil der Strahlung den Erdboden erreicht. Der größte Teil wird bereits an der sonnenzugewandten Oberfläche der Vegetation in Wärme umgesetzt (aborbiert) oder reflektiert. Richtung Erdboden nimmt der Umsatz dann immer mehr ab. Besonders stark ist dieser Effekt bei Wäldern mit dichtem Kronendach. Häufig werden in solchen Landschaften bei starker Sonneneinstrahlung tagsüber im Bereich der Blätter und Baumkronen sogar höhere Temperaturen gemessen als am Boden.

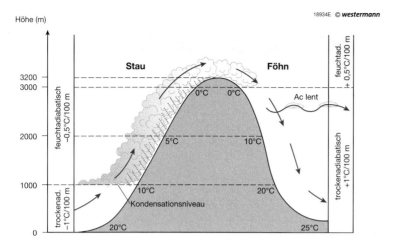

M 3: Schematische Darstellung des Alpen-Südföhns

Der Einfluss des Reliefs auf das Mesoklima zeigt sich unter anderem in Form von Hang- und Fallwinden, die an Gebirgszügen auftreten. Man bezeichnet solche Winde als **mesoskalige Windsysteme**. Zu den mesoklimatischen Erscheinungen zählt auch der Alpen-Südföhn, ein warmer Fallwind, der das Gebirge von Süden überströmt.

Die thermodynamische Föhntheorie erklärt diese Temperaturgegensätze mithilfe der Staubewölkung auf der Alpensüdseite [...] Die Alpen werden aus Süden angeströmt, wodurch die Luftpakete orographisch zum Aufsteigen gezwungen werden. In der Poebene hat die Ausgangsluftmasse auf Meeresniveau eine Temperatur von z. B. 20°C. Beim Aufsteigen kühlt sie sich bis zum Erreichen des Hebekondensationsniveaus (z. B. 1000 m) trockenadiabatisch (um 1°C pro 100 m) ab. Darüber kondensiert die Luftfeuchtigkeit aus und es kommt zur Wolkenbildung (Staubewölkung), so dass sich die Temperaturabnahme mit der Höhe um den feuchtadiabatischen Gradienten (hier ~ 0,5 °C pro 100 m) reduziert. Wichtig ist ferner, dass die Feuchtigkeit in Form von Niederschlag aus den Wolken fällt, so dass bei Erreichen der Kammhöhe (z. B. 3200 m) nur noch eine Restfeuchte in der Luft vorhanden ist. Auf der Leeseite steigen die Luftpakete strömungsbedingt ab. Die beim Aufsteigen auf der Luv-Seite entstandene Wolkenschicht löst sich dabei schon unmittelbar hinter dem Zentralkamm auf, wo sie vom Lee aus als Föhnmauer sichtbar ist. Auf den ersten Metern ist die Temperaturzunahme der absteigenden Luft noch feuchtadiabatisch, da ein Teil der fühlbaren Wärme zur Verdunstung des Wolkenwassers verwendet wird [...] Ab etwa 3000 m erwärmen sich die absteigenden Luftpakete trockenadiabatisch. Obwohl das Alpenvorland höher liegt (z. B. 500 m) als das Ausgangsniveau der Luftmasse (z. B. 0 Meter), erreicht die Luftmasse im leeseitigen Bodenniveau (Alpenvorland) bei einer Ausgangstemperatur von 20°C bereits Temperaturen von 25°C.

M 4: Quellentext zur Entstehung des Alpen-Südföhns
Lauer, W. u. Bendix, J.: Klimatologie (2006)

Leeseite
Dem Wind abgewandte Seite beispielsweise eine Gebirgszuges. Die dem Wind zugewandte Seite heißt „Luv".

....

1 Erläutern Sie den Einfluss der Wärmeleitfähigkeit des Untergrunds auf die Amplitude von Nacht- und Tagestemperaturen.
2 Beschreiben Sie mithilfe von M 3 und M 4 die Entstehung des Alpensüdföhns und erklären Sie die Temperaturgegensätze vor und nach der Überströmung des Alpenhauptkamms.

Mit der Errichtung von Städten hat der Mensch künstliche Landschaften geschaffen, deren Klimaeigenschaften sich teilweise stark von den entsprechenden Parametern des Umlandes unterscheiden.

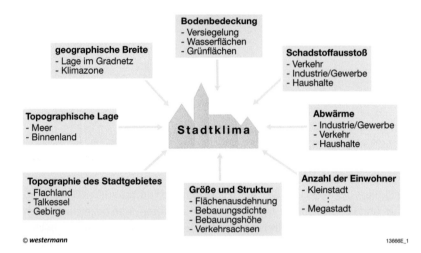

M1: Einflussfaktoren des Stadtklimas

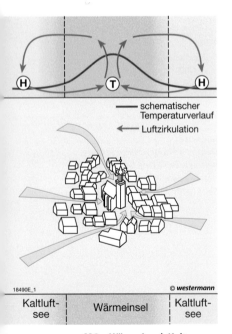

M2: Wärmeinsel, Kaltluftschneisen und lokales Zirkulationsschema

Zu den auffälligsten Eigenschaften des Stadtklimas im Vergleich zum Umland zählen die höheren Temperaturen. Hinzu kommen im Mittel geringere Windgeschwindigkeiten sowie veränderte Strahlungs-, Verdunstungs- und Luftfeuchtigkeitsverhältnisse. Besonders deutlich ist der Effekt der städtischen Überwärmung nach Strahlungswetterlagen, wenn die Oberflächen von Gebäuden und asphaltierten Straßen die tagsüber gespeicherte Wärme wieder abgeben. In solchen Nächten können die Temperaturunterschiede zwischen Stadt und Umland bis zu 10°C betragen. Man bezeichnet dieses Phänomen als städtische **Wärmeinsel**.

Der Temperaturunterschied zwischen Stadt- und Umland führt häufig dazu, dass ein **lokales Zirkulationssystem** entsteht. Dabei strömt kühle Luft von den umliegenden Wiesen, Feldern, Brachflächen und Gärten in die Stadt. Man bezeichnet solche Strömungssysteme als **Flurwinde**. Die städtische Bebauung verhindert jedoch häufig, dass die Luft ins städtische Zentrum strömen und dort für einen Luft- und Temperaturaustausch sorgen kann. Die Wärme kann dann nicht abgeführt werden und staut sich im Stadtgebiet. Damit Frischluft in den städtischen Raum einsickern kann, sind meist städtebauliche Anpassungsmaßnahmen erforderlich. Eine Möglichkeit ist die Auflockerung der Stadtstruktur durch Parks, Grünanlagen oder Bäume. Solche Grünflächen können helfen, den Effekt städtischer Wärmeinseln zu reduzieren. Sie reichen aber allein nicht aus, um einen Luftaustausch herbeizuführen. Darüber hinaus müssen so genannte **Kaltluftschneisen** zur Verfügung stehen – möglichst unverbaute Freiräume, durch die die Luft bis ins Zentrum strömen kann.

Betrachtet man die einzelnen städtischen Klimaparameter genauer, dann fällt auf, dass Sonnenscheindauer und Globalstrahlung in der Stadt im Schnitt deutlich geringer ausfallen als im Umland. Eine Ursache dafür liegt in der stärkeren Verschattung durch die städtische Bebauung. Zudem bewirkt die häufig über städtischen Ballungsräumen liegende Dunstglocke, bestehend aus Rußpartikeln und sonstigen Emissionen, eine Abschwächung der Globalstrahlung, auch wenn dieser Effekt in den westlichen Industriestaaten während der Frühphase der Industrialisierung deutlich stärker ausgeprägt war als heute.

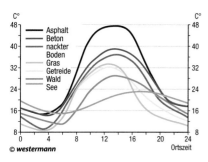

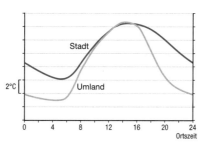

13667E_1

M3: a) Oberflächentemperaturen an einem Sommertag über unterschiedlichem Untergrund,
b) Tagesverlauf der Lufttemperaturen bei sommerlichem Strahlungswetter

Wenn Sonnenscheindauer und Globalstrahlung in der Stadt niedriger sind als im Umland, wie erklären sich dann die für das Stadtklima typischen höheren Durchschnittstemperaturen? Verantwortlich dafür ist zum einen die höhere Gegenstrahlung in den Städten – hervorgerufen durch den „Strahlenschirm" der städtischen Dunstglocke –, die als Gewinn zur Strahlungsbilanz beiträgt. Ein weiterer Faktor ist die Vergrößerung der Oberfläche infolge der städtischen Bebauung sowie die Verwendung künstlicher Materialien wie Beton, Asphalt, Backstein oder Stahl, deren thermische Eigenschaften die Erwärmung der städtischen Atmosphäre fördern: Asphaltoberflächen, Stein- und Betonwände besitzen eine deutlich geringere Wärmekapazität und eine höhere Wärmeleitfähigkeit als (feuchte) Böden oder Wasseroberflächen. Sie erwärmen sich deshalb bei Sonnenstrahlung schneller und geben nach Sonnenuntergang ihre Wärme auch rascher wieder ab.

Die Bebauung ist auch verantwortlich für den hohen Versiegelungsgrad der Städte. Heute sind bereits rund sechs Prozent der Fläche Deutschlands versiegelt. Jeden Tag wird dieser Anteil um weitere 115 ha vergrößert, auch wenn infolge der wirtschaftlichen Entwicklung, des Rückgangs von Straßenneubauten und geänderter Versiegelungsvorschriften bei Neubauten das Tempo, mit dem die Versiegelung voranschreitet, in den letzten Jahren etwas zurückgegangen ist. Die Versiegelung der städtischen Oberflächen führt dazu, dass Niederschlagswasser nicht versickern kann, sondern rasch wieder abfließt und über die Kanalisation aus dem Stadtgebiet verschwindet. Der Boden kann so nicht durchfeuchtet werden. Das setzt das Wärmespeichervermögen städtischer Oberflächen und damit die Fähigkeit, temperaturausgleichend zu wirken, weiter herab. Darüber hinaus sorgt der verstärkte Abfluss für eine niedrigere Verdunstung. So kann weniger Verdunstungskälte entstehen – ein größerer Teil der Energie wird in fühlbare Wärme umgewandelt. Die Lufttemperatur steigt weiter an.

Sonnenscheindauer:
  – im Sommer bis – 8 %
  – im Winter bis – 10 %
Globalstrahlung: bis – 10 %
Gegenstrahlung: bis + 10 %
UV-Strahlung:
  – im Sommer bis – 5 %
  – im Winter bis – 30 %
Wärmespeicherung im Stadtkörper: bis – 40 %

Lufttemperatur:
  – Jahresmittel: ~ + 2°C
  – Winterminima: bis + 10°C
  – in Einzelfällen: bis + 15°C
Dauer Frostperiode: bis – 30 %

Luftfeuchtigkeit: geringe Unterschiede
Niederschlag:
  – Regen: mehr (leeseitig)
  – Schnee: weniger
  – Tauabsatz: weniger
Verdunstung: weniger

Windgeschw.: bis – 20 %

Luftverunreinigungen CO, NO_x, PM_x, AVO[1]: mehr

[1] = anthropogene Kohlenwasserstoffe

M4: Unterschiede zwischen Stadt- und Umlandklima

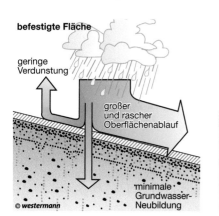

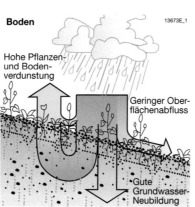

13673E_1

M5: Folgen der Bodenversiegelung für den Wasserhaushalt

M1: Quellentext zu Kaltluftschneisen
*Wagner, G.: Energieversorgung
und Klimaschutz (2010)*

*Martine Klärle von der Fachhochschule Frankfurt erklärt die Notwendigkeit
der Kaltluftschneisen so: „Kaltluftschneisen sorgen für die frische, kühle Luft
in Städten. Damit die Stadt in den Morgenstunden mit dieser Luft versorgt
werden kann, muss es Grünflächen, im Idealfall Wiesen, geben. Beton hält die
Wärme nämlich fest. Die Schneisen sorgen dafür, dass die Luft bis ins Zentrum
fließt." Die Funktion der Kaltluftschneisen macht die Wissenschaftlerin an
einem Beispiel deutlich: „Eine Stadt funktioniert wie in einem Wohnzimmer.
Wer nur einen Ventilator aufstellt, anstatt das Fenster zu öffnen, der wird
keine unverbrauchte Luft in den Raum bekommen. Wind ist gleichzusetzen
mit dem Ventilator und reicht also für eine Stadt auch nicht aus, um neue
Luft fließen zu lassen."*

*Der Bayreuther Forscher Carl Beierkuhnlein erklärte auf einem Symposium
zu Klimawandel und Gesundheit: „Wenn wir keinen nächtlichen Kaltluftzu-
fluss haben, können wir kein gesundes Stadtklima haben". Dafür müssten
unter Umständen in Zukunft gegebenenfalls Gebäude abgerissen werden.
In der Tat gibt es viele Beispiele von Hochbauten in stadtklimatisch sensiblen
Standorten, deren Bau in der Vergangenheit genehmigt wurde, obwohl der
Erhalt von Kaltluftschneisen schon damals eine Rolle spielte. Allerdings waren
solche Argumente seinerzeit von untergeordneter Bedeutung. Heute wird
das anders gesehen. Ein Beispiel ist die Stadtplanung von Stuttgart […], in
der die Schaffung und der Erhalt von Frischluftschneisen Priorität genießen.*

M2: Quellentext zur Ober-
flächenversiegelung
*Senatsverwaltung für Stadtent-
wicklung: Digitaler Umweltatlas (2007)*

*Mit der Versiegelung des Bodens gehen durch den Verlust von Verduns-
tungs- und Versickerungsflächen für Niederschläge auch tiefgreifende Veränderungen im Wasserhaushalt einher. Das u. a. mit Reifenabrieb, Staub
und Hundekot stark verunreinigte Regenwasser von versiegelten Flächen
wird über die Kanalisation entweder direkt in die Vorfluter oder über die
Klärwerke abgeleitet.*

*Durch Versiegelung und Verdichtung werden außerdem die Funktionen
des Bodens stark beeinträchtigt. Mit der Unterbindung der Wasser- und
Sauerstoffversorgung werden die meisten Bodenorganismen zerstört. Da
kein Wasser mehr versickern kann, werden die über Luft und Niederschläge
eingetragenen Schadstoffe nicht mehr im Boden gehalten und in die Oberflächenwasser gespült. Die vollständige Versiegelung des Bodens bewirkt
den gänzlichen Verlust von Flora und Fauna. Aber auch die Versiegelung von
Teilbereichen verursacht immer einen Lebensraumverlust. Biotope werden
zerschnitten oder isoliert; empfindliche Arten werden zugunsten einiger an-
passungsfähiger Arten verdrängt.*

1 Gliedern Sie die Einflussgrößen des Stadtklimas in M 1, S. 110, nach mikro-, meso-, und makroklimatischen Faktoren (siehe Kap. 7.1).

2 Erläutern Sie mithilfe von M 2, S. 110, die Entstehung von Flurwinden.

3 Analysieren anhand von M 3, S. 111, a) den Tagesgang der Oberflächentemperaturen über verschie-
denem Untergrund, b) die Unterschiede im Tagesgang der Lufttemperaturen zwischen Stadt und
Umland und versuchen Sie, die jeweiligen Unterschiede zu erklären.

4 Erläutern Sie mithilfe von M 5 den Zusammenhang von Versiegelung und Stadtklima.

Die Sonne ist die Energiequelle des Lebens auf der Erde. In ungefilterter Form stellt das energiereiche UV-Licht jedoch eine Gefahr für viele Lebensformen dar. Die Ozonschicht der Stratosphäre wirkt als UV-Filter und bildet damit einen wichtigen Schutz. Der Mensch hat jedoch begonnen, diese Schutzwirkung zu beeinträchtigen.

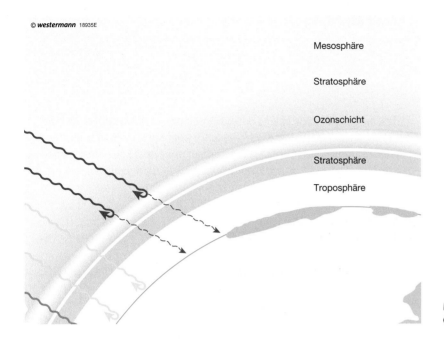

© *westermann* 18935E

Mesosphäre

Stratosphäre

Ozonschicht

Stratosphäre

Troposphäre

M3: Filterwirkung des Ozons

Die kurzwellige Strahlung der Sonne bildet die Grundlage für das Leben auf der Erde. Sie kann aber auch zu einer Belastung für die Ökosysteme und für den Menschen werden. Insbesondere Jungpflanzen, deren Schutzmechanismen noch nicht stark genug ausbildet sind, oder bestimmte Tierarten können durch extrem energiereiches Licht geschädigt werden. Noch gravierender sind mögliche Veränderungen des Erbgutes bei Flora und Fauna, die durch die ungefilterte Einstrahlung ausgelöst werden und zu Mutationen, Wachstums- oder Fruchtbarkeitsstörungen führen können. Einen Schutz gegen solche nachteiligen Effekte bildet das Ozon der Stratosphäre. Die in rund 20 bis 30 km Höhe rund um den Erdball liegende Ozonschicht filtert den besonders schädlichen, sehr kurzwelligen Anteil des UV-Lichtes (v. a. UV-C) und schafft damit eine wichtige Voraussetzung für den Fortbestand des Lebens auf der Erde. Die Filterwirkung des aus drei Sauerstoffatomen bestehenden Ozons (O_3) beruht auf einer photochemischen Reaktion, bei der ständig Ozon auf- und abgebaut wird.

Die mittlere Dicke der Ozonschicht beträgt lediglich drei mm. Ihre Stärke variiert allerdings räumlich und zeitlich: Ozon entsteht zwar hauptsächlich in der äquatorialen Stratosphäre, wird jedoch ständig Richtung Pol transportiert. Über dem Äquator ist die Ozonschicht deshalb relativ dünn und nimmt polwärts an Stärke zu. Darüber hinaus unterliegt die Ozonmenge jahreszeitlichen Schwankungen. Gegen Ende des Winters der jeweiligen Hemisphäre ist die Ozonschicht insgesamt am dünnsten. Zum Sommer hin nehmen die Werte wieder zu, weil dann die Sonneneinstrahlung stärker wird und damit auch die Ozon-Produktion wieder ansteigt. Gemessen wird die Dicke der Ozonschicht in **Dobson Units** (DU). Eine DU entspricht 1/100 mm.

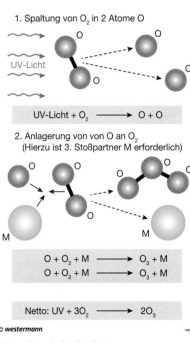

1. Spaltung von O_2 in 2 Atome O

UV-Licht

$$UV\text{-}Licht + O_2 \longrightarrow O + O$$

2. Anlagerung von von O an O_2
   (Hierzu ist 3. Stoßpartner M erforderlich)

M   M

$$O + O_2 + M \longrightarrow O_3 + M$$
$$O + O_2 + M \longrightarrow O_3 + M$$

$$\text{Netto:} \quad UV + 3O_2 \longrightarrow 2O_3$$

© *westermann*   18936E

M4: Chemische Reaktion bei der Ozonbildung

Wenn die kurzwelligen und energiereichen UV-Strahlen auf ein Sauerstoff-molekül (O_2) treffen, wird dieses in zwei einzelne hochreaktive Atome – so genannte *freie Sauerstoffradikale* – gespalten. Die Energie der Strahlung wird dabei absorbiert und in Wärme umgewandelt. Die freien Sauerstoffra-dikale reagieren anschließend mit jeweils einem weiteren Sauerstoffmolekül zu Ozon (O_3).

Freie Sauerstoffradikale
Bei der Spaltung von Sauer-stoffmolekülen (O_2) bilden sich besonders reaktionsfreu-dige freie Sauerstoffatome, so genannte Radikale, die sich mit anderen Sauerstoffmole-külen zu Ozon (O_3) verbinden. können.

$$O_2 + UV \rightarrow 2O$$

$$O + O_2 \rightarrow O_3$$

Wenn nun erneut UV-Strahlung auf das Ozonmolekül trifft, wird dieses wieder in ein Sauerstoffmolekül und ein freies Sauerstoffradikal gespalten. Das freie Sauerstoffradikal kann anschließend erneut mit einem Sauerstoffmolekül Ozon bilden oder mit einem Ozonmolekül zu Sauerstoff reagieren.

$$O_3 + UV \rightarrow O_2 + O$$

$$O + O_3 \rightarrow 2O_2$$

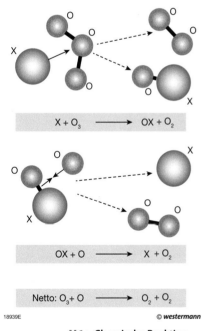

$$X + O_3 \longrightarrow OX + O_2$$

$$OX + O \longrightarrow X + O_2$$

Netto: $O_3 + O \longrightarrow O_2 + O_2$

18939E © *westermann*

M 1: Chemische Reaktion bei der Ozonzerstörung durch einen Katalysator

Normalerweise befinden sich Auf- und Abbau des Ozons im Gleichgewicht. Der Mensch hat jedoch begonnen, dieses Gleichgewicht zu stören, so dass mittlerweile deutlich mehr Ozon abgebaut wird als noch vor einigen Jahrzehn-ten. Verantwortlich dafür ist vor allem die Emission von Fluorchlorkohlenwas-serstoffen (FCKW) – industriell hergestellten chemischen Verbindungen, die beispielsweise als Treibgase in Spraydosen, als Lösungs- oder Reinigungsmittel oder als Schäummittel für Kunststoffe verwendet werden. Die FCKW steigen in der Atmosphäre auf und reichern sich als Spurengase in der Stratosphäre an. Dort werden sie in den Polarregionen während des Winters teilweise in so genannten **Stratosphärenwolken** als Stickstoff- oder Chlorverbindungen gebunden und erst zu Beginn des Frühlings durch die einsetzende Wärme wieder freigesetzt. Die FCKW können nun als **Katalysatoren** wirksam werden und den Abbau von Ozon fördern, bevor die steigenden Temperaturen dann dafür sorgen, dass schließlich wieder mehr Ozon produziert als abgebaut wird. Aus diesem Grund tritt über der Südpolarregion gegen Ende des Winters regelmäßig ein so genanntes „Ozonloch" auf – eine extreme Ausdünnung der Ozonschicht. Beobachtet wurde dieses Phänomen erstmals in den 1970er-Jahren. Das bislang größte Ozonloch wurde im Jahr 2006 nachgewiesen.

Ein spätwinterlicher Ozonrückgang lässt sich auch über der Nordpolarregi-on nachweisen. Da die Temperaturen hier im Schnitt höher liegen als über der Antarktis, ist der Effekt auf der Nordhalbkugel, was Größe und Regelmäßigkeit betrifft, deutlich schwächer ausgeprägt als im Süden. 2011 wurde jedoch auch über der Arktis erstmals ein Ozonloch nachgewiesen.

1987 verpflichteten sich eine Reihe von Industrieländern im **Montrealer Protokoll**, die Produktion und den Verbrauch ozonschädigender Stoffe zu reduzieren. Bislang haben 191 von 196 Länder das Protokoll ratifiziert. Bis zum Jahr 2005 hatten diese Staaten ihre Produktions- und Verbrauchsmengen von Stoffen, die zum Abbau der Ozonschicht führen, um 95 Prozent verringert. Dennoch hält der ozonschädigende Effekt weiter an. Das liegt an der extrem

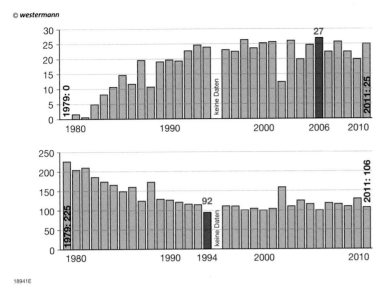

18941E

M2: Ozonwerte der südlichen Hemisphäre 1979–2011. Obere Grafik: Mittlere Größe des Ozonlochs in Mio. km² (7. Sept. – 13. Okt.) Untere Grafik: Mittleres Ozonminimum in Dobson Units (21. Sept. – 16. Okt.) (NASA)

hohen Lebensdauer der FCKW, die eine vergleichsweise lange Zeit benötigen, um in die Stratosphäre zu gelangen und dort teilweise als Katalysatoren wirksam zu werden, bevor sie dann oft erst nach Jahrzehnten selbst chemisch abgebaut werden. Im Jahr 2006 ging die WMO davon aus, dass der Zustand der Ozonschicht über der Antarktis von vor 1980 erst zwischen 2060 und 2075 wiederhergestellt sein wird.

»

Washington – Über der kalten Antarktis klafft ein Loch, größer als je zuvor. Jetzt hat auch die Fläche, der dritte Parameter nach der Ozonkonzentration und -menge, ein Spitzenniveau erreicht – Wissenschaftler sprechen von einem „Rekordozonloch". Am 24. September 2006 überschritt die Fläche des Ozonlochs 29 Millionen Quadratkilometer. Im Durchschnitt der Messungen vom 21. bis 30. September habe es immerhin 27,45 Millionen Quadratkilometer betragen. Das entspricht etwa der Fläche der USA (rund 10 Millionen Quadratkilometer) und Russlands (rund 17 Millionen) zusammen. Damit ist das Ozonloch mehr als drei Millionen Quadratkilometer größer als erwartet, meldet die US-Raumfahrtbehörde Nasa. Ein weiterer Negativrekord wurde am 8. Oktober beim Parameter Konzentration erreicht. Über dem östlichen antarktischen Eisschild hat die Nasa einen Wert von 85 Dobson-Einheiten (DU für Dobson Unit) gemessen. Diese Größe beschreibt die gesamte Ozonkonzentration von der Oberfläche bis zum Weltraum. 1998 war ein Jahrestiefstwert von 96 DU über der Antarktis gemessen worden. Das vorläufige Jahresmittel für 2006 beträgt derzeit 100 DU. In der Höhe zwischen 13 und 21 Kilometer über der Antarktis sei derzeit fast das gesamte Ozon zerstört. „Das Ozon in dieser Schicht der Atmosphäre ist so gut wie verschwunden", sagte der Experte David Hofmann von der National Oceanographic and Atmospheric Administration (NOAA). Dies hänge zusammen mit den hohen Konzentrationen von Ozon verringernden Substanzen und den Rekord-Kälte-Temperaturen in der Stratosphäre über dem Südpol. Um fünf Grad Celsius niedriger als im langjährigen Mittel war die Durchschnittstemperatur dort Ende September, hätten Messungen ergeben.

M3: Quellentext zum Ozonloch über der Antarktis
Antarktis: Rekord-Ozonloch so groß wie USA und Russland, Spiegel Online 20.10.2006

«

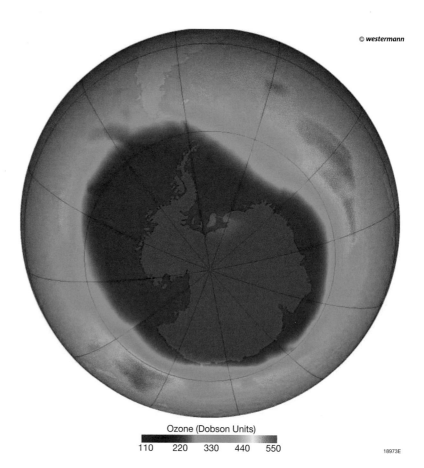

© *westermann*

Ozone (Dobson Units)

110   220   330   440   550

18973E

M1: Das antarktische Ozonloch in seiner bislang größten Ausdehnung im Jahr 2006 (NASA)

M2: Quellentext zum Ozonloch über der Arktis
Forscher entdecken Ozonloch über der Arktis, tagesschau.de, 03.10.2011

» *Ein riesiges Ozonloch über der Arktis beunruhigt Wissenschaftler weltweit. Erstmals sei die Ozonschicht in der Stratosphäre so weit zurückgegangen, dass von einem Ozonloch am Nordpol gesprochen werden könne, heißt es in einer im britischen Wissenschaftsmagazin „Nature" veröffentlichten Studie. Das Loch von der fünffachen Größe Deutschlands habe sich in einer Höhe von 18 bis 20 Kilometern aufgrund ungewöhnlicher Kälte am Nordpol gebildet. Die lange Kälteperiode zwischen Dezember 2010 und März 2011 habe eine anhaltende Kaltluftzone über der Arktis entstehen lassen, die ozonabbauende Reaktionen förderte. Bisher habe die Arktis als zu mild gegolten, um solche Kaltluftzonen über so lange Zeit und bis in das Frühjahr hinein zu ermöglichen. Einen so dramatischen Ozonverlust habe man über der Nordhalbkugel noch niemals zuvor beobachtet. Zum ersten Mal in der Geschichte der Messungen sei damit der arktische Ozonschwund mit dem Ozonloch über der Antarktis vergleichbar, berichten Gloria Manney vom California Institute of Technology in Pasadena und ihre Kollegen.* «

1 Beschreiben Sie mithilfe von M3, S. 113, die Schutzwirkung des stratosphärischen Ozons.
2 Erläutern Sie mithilfe von M4, S. 113, den Aufbau von Ozon in der Stratosphäre.
3 Erläutern Sie mithilfe von M1, S. 114, die Ozonzerstörung durch die Katalysatorwirkung von FCKW.
4 Skizzieren Sie die Entwicklung des stratosphärischen Ozongehalts und der Größe des Ozonlochs in der südlichen Hemisphäre und geben Sie eine Einschätzung zum derzeitigen Status.

Ohne die klimawirksamen Gase der Atmosphäre und den damit verbundenen natürlichen Treibhauseffekt wäre es auf der Erde deutlich kälter. Weil der Mensch seit Beginn der Industrialisierung ebenfalls für den Ausstoß von Treibhausgase sorgt, wird dieser Effekt verstärkt.

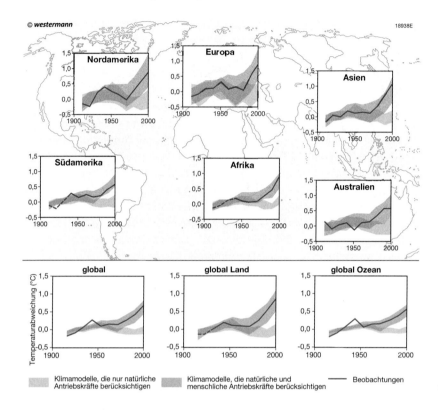

M 3: Vergleich der Simulationen unterschiedlicher Klimamodelle mit gemessenen Temperaturveränderungen in verschiedenen Weltregionen

Der natürliche Treibhauseffekt sorgt dafür, dass die globale Mitteltemperatur in Bodennähe um 33°C auf etwa + 15°C angehoben wird. Die Treibhausgase lassen die kurzwellige Sonneneinstrahlung fast ungehindert passieren, absorbieren jedoch einen Großteil der langwelligen terrestrischen Ausstrahlung. Die terrestrische Strahlung verbleibt damit als Gegenstrahlung (Wärmestrahlung) in der Atmosphäre oder wird auf die Erdoberfläche zurückgestrahlt und sorgt so für einen Anstieg der Temperaturen (siehe Kap. 2.4). Gäbe es diesen Effekt nicht, hätte sich das Leben auf der Erde wohl nicht in der heutigen Form entwickeln können. Den größten Anteil am natürlichen Treibhauseffekt haben Wasserdampf (H_2O) und Kohlendioxid (CO_2).

Im Zuge der Industrialisierung hat der Mensch begonnen, ebenfalls Treibhausgase im großen Stil in die Atmosphäre auszustoßen. Verantwortlich dafür ist in erster Linie der Verbrauch fossiler Energieträger wie Erdöl, Kohle und Gas, bei deren Verbrennung große Mengen des klimawirksamen CO_2 in die Atmosphäre gelangen. Die Emission von CO_2 durch den Menschen bewirkt, dass sich der natürliche Treibhauseffekt verstärkt und die Mitteltemperatur der Erde in Bodennähe weiter ansteigt. Man bezeichnet diesen Vorgang als zusätzlichen oder **anthropogenen Treibhauseffekt**. Rund zwei Drittel des natürlichen Treibhauseffektes sind auf Wasserdampf zurückzuführen. Den größten Beitrag (60 %) zum anthropogenen Treibhauseffekt leistet das CO_2. Darüber hinaus sind Methan (CH_4) mit 15 Prozent, FCKW (11 %), bodennahes Ozon (O_3, 9 %) und Lachgas (N_2O, 4 %) an der durch den Menschen verursachten globalen Erwärmung beteiligt.

fossile Energieträger
Brennstoffe, die in geologischer Vorzeit aus den Abbauprodukten toter Tiere und Pflanzen entstanden sind, wie Erdöl, Erdgas, Stein- und Braunkohle oder Torf

M1: Quellentext zur Emission von Treibhausgasen
Harmeling, S.: Globaler Klimawandel (2008)

ppm
Steht für „parts per Million" (Teilchen pro Million). Relatives Maß, das in der Klimaforschung u. a. benutzt wird, um das Konzentrationsniveau von Treibhausgasen in der Atmosphäre zu beziffern. Eine CO_2-Konzentration von 290 ppm bedeutet: Das Volumen von 290 Teilchen CO_2 ist im Volumen von einer Million Luftteilchen enthalten.

» *Die Menschheit setzt heute durch eine Vielzahl von Prozessen große Mengen an Treibhausgasen frei: Eine große Bedeutung haben in diesem Zusammenhang insbesondere die Verbrennung fossiler Energieträger (Braun- und Steinkohle, Erdöl, Erdgas), die großflächige Änderung der Landnutzung (z. B. Rodung von Wäldern), landwirtschaftliche Tätigkeiten (vor allem Viehwirtschaft und Reisanbau) und industrielle Prozesse. Im Jahr 2005 waren dies nach Angaben des IPCC rund 49 Gt (Milliarden Tonnen) an CO_2-Äquivalenten, 70 Prozent mehr als noch im Jahr 1970. Aus der Analyse von Bohrungen im antarktischen Eis geht hervor, dass die atmosphärische CO_2-Konzentration in den letzten 420 000 Jahren nie den Wert 290 ppm überschritten hat. Seit Beginn der Industrialisierung um 1750 – und der damit einhergehenden massiven Zunahme menschlicher Einflüsse – stieg die Konzentration von CO_2 jedoch um rund 30 Prozent und betrug im Jahre 2007 im Jahresmittel bereits 385 ppm. Seit dem Jahr 2000 liegt die durchschnittliche jährliche Wachstumsrate bei 1,9 ppm, im Vergleich zu 1,3 bis 1,6 ppm in den drei Jahrzehnten zuvor. Der Anstieg der CO_2-Konzentration hat sich also in den letzten Jahren beschleunigt. Die Methankonzentration steigerte sich sogar um rund 140 Prozent. Sowohl Methan als auch CO_2 weisen heute – nach allem, was man weiß – eine höhere atmosphärische Konzentration auf als jemals zuvor in den letzten 650 000 Jahren.* «

M2: Zementwerk in Qingzhou. China ist heute der größte Verursacher von Treibhausgasemissionen.

Im Laufe des 20. Jahrhunderts ist die globale Durchschnittstemperatur bereits um rund 0,76 °C angestiegen. Schwankungen in der globalen Mitteltemperatur hat es im Laufe der Klimageschichte immer wieder gegeben. Kritiker haben deshalb wiederholt Zweifel an der These eines menschengemachten Treibhauseffekts geäußert und versuchen, den globalen Temperaturanstieg im Rahmen natürlicher Schwankungen zu erklären. Der IPCC (Intergovernmental Panel on Climate Change), ein vom Umweltprogramm der UNO und der Weltorganisation für Meteorologie ins Leben gerufener Ausschuss zur Beurteilung der Risiken einer globalen Erwärmung, widerspricht der These der so genannten „Klimaskeptiker". Die Erwärmung in der zweiten Hälfte des zwanzigsten Jahrhunderts können nicht allein durch natürliche Faktoren erklärt werden, heißt es. Vielmehr leite sich aus den aktuellen Erkenntnissen eine „sehr hohe Sicherheit ab", dass menschliche Aktivität seit 1759 insgesamt zu einer Erderwärmung geführt hat. Der größte Teil des Temperaturanstiegs in der zweiten Hälfte des 20. Jahrhunderts sei mit 90- bis 99-prozentiger Wahrscheinlichkeit die Folge des menschengemachten Anstiegs der Treibhausgaskonzentration.

Zu den wichtigsten Aufgaben des IPCC zählt es, Szenarien zur zukünftigen Entwicklung der Treibhausgasemissionen und des damit verbundenen Temperaturanstiegs zu erstellen. In die Berechnungen gehen unterschiedliche Annahmen zum Bevölkerungswachstum, der ökonomischen, sozialen und technischen Entwicklung und zum Ressourcenverbrauch ein. Die bislang erstellen Szenarien des IPCC wurden in vier Obergruppen, A1, A2, B1 und B2, eingeteilt. Die Ziffer-1-Szenarien postulieren eine „konvergente" Entwicklung: Die unterschiedlichen Regionen werden sich demzufolge, was die technische und ökonomische Entwicklung angeht, immer stärker angleichen. Szenarien mit der Ziffer 2 gehen davon aus, dass weiterhin große regionale Entwicklungsunterschiede bestehen werden. Die B-Szenarien postulieren, dass sich Nachhaltigkeit und Gerechtigkeit als Leitgedanken durchsetzen. A-Szenarien

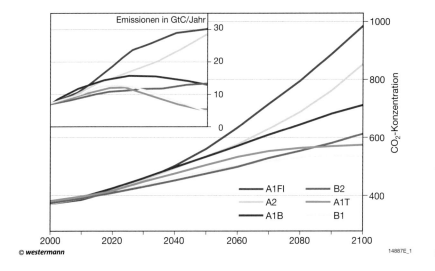

© westermann

14887E_1

Die Hauptgrafik zeigt die atmosphärischen CO_2-Konzentrationen in ppm entsprechend den IPCC-Szenarien im 21. Jahrhundert. Die kleine Grafik zeigt den Verlauf der jährlichen globalen Kohlenstoff-Emissionen bezogen auf die IPCC-Szenarien. Eine Tonne Kohlenstoff (C) entspricht etwa 3,6 Tonnen CO_2.

M 3: IPCC-Szenarien zur CO_2-Entwicklung

vertreten diesbezüglich einen pessimistischeren Standpunkt. Bei den Modellen handelt es sich um Wenn-Dann-Analysen: Eine bestimmte Entwicklung gilt unter bestimmten Rahmenbedingungen als wahrscheinlich.

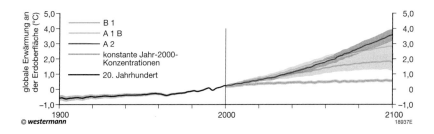

© westermann

18937E

M 4: Oberflächentemperaturen im Zeitraum 1990 – 2100. Bei den Werten 2000 – 2100 handelte sich um Simulationen verschiedener IPCC-Szenarien. 0-Wert = globale Mitteltemperatur 1980 – 1999.

Die Projektionen für die zukünftigen Emissionswerte und die daraus abgeleiteten Konzentrationen der Treibhausgase sind naturgemäß mit Unsicherheiten behaftet. Dennoch handelt es sich dabei um plausible Annahmen zur zukünftigen Emissionsentwicklung, die als Grundlage für nationale und internationale politische Entscheidungen dienen: Laut **IPCC** wird die CO_2-Konzentration gegen Ende des 21. Jahrhunderts voraussichtlich zwischen 350 und 790 ppm betragen (derzeit ca. 385 ppm, vorindustriell 280 ppm). Eine Reduzierung der Werte ist allerdings nur dann möglich, wenn drastische Klimaschutzmaßnahmen greifen. Zudem haben die bisherigen Emissionen bereits jetzt zu Klimaeffekten geführt, die nicht mehr rückgängig gemachten werden können – selbst dann, wenn von heute auf morgen keine Treibhausgase mehr ausgestoßen würden.

Welche Auswirkungen der Anstieg der Treibhauskonzentration auf das Klima haben wird, kann nicht mit Sicherheit vorhergesagt werden. Aus den Entwicklungen der jüngeren und älteren Vergangenheit können jedoch Trends abgeleitet werden, die einen bestimmten Zusammenhang zwischen dem Anstieg der Treibhauskonzentration und der Entwicklung der irdischen Klimaparameter nahelegen. Ein wichtige Rolle spielt in diesem Zusammenhang – wie bereits in Kapitel 1.3 beschrieben – die Überprüfung und Anpassung bestehender Klimamodelle. Bezüglich der Temperatur gehen die Experten des IPCC je nach Szenario von einem Anstieg der globalen Erdoberflächentemperatur um weitere 1,1 bis 6,4°C aus.

IPCC
„Intergovernmental Panel on Climate Change", zu Deutsch Zwischenstaatlicher Ausschuss zum Klimawandel. 1988 vom Klimaprogramm der Vereinten Nationen (UNEP) und der Weltorganisation für Meteorologie (WMO) ins Leben gerufen. Der IPCC beurteilt wissenschaftliche Erkenntnisse über Risiken der globalen Erwärmung und trägt Vermeidungs- und Anpassungsstrategien zusammen.

Phänomene und Richtung des Trends	Wahrscheinlichkeit, dass ein Trend im späten 20. Jahrhundert (typischer Weise nach 1960) auftrat	Wahrscheinlichkeit eines anthropogenen Beitrages zum beobachteten Trend	Wahrscheinlichkeit eines zukünftigen Trends, basierend auf den Projekten für das 21. Jahrhundert unter Verwendung der SRES-Szenarien
wärmere und weniger kalte Tage und Nächte über den meisten Landflächen	sehr wahrscheinlich	wahrscheinlich	praktisch sicher
wärmere und häufigere heiße Tage und Nächte über den meisten Landflächen	sehr wahrscheinlich	wahrscheinlich (Nächte)	praktisch sicher
Wärmeperioden/Hitzewellen: Zunahme der Häufigkeit über den meisten Landflächen	wahrscheinlich	eher wahrscheinlich als nicht	sehr wahrscheinlich
Starkniederschlagsereignisse: Die Häufigkeit (oder der Anteil der Starkniederschläge am Gesamtniederschlag) nimmt über den meisten Gebieten zu	wahrscheinlich	eher wahrscheinlich als nicht	sehr wahrscheinlich
von Dürren betroffene Flächen nehmen zu	wahrscheinlich in vielen Regionen seit 1970	eher wahrscheinlich als nicht	wahrscheinlich
die Aktivität starker tropischer Wirbelstürme nimmt zu	wahrscheinlich in vielen Regionen seit 1970	eher wahrscheinlich als nicht	wahrscheinlich
zunehmendes Auftreten von extrem hohem Meeresspiegel (ausgenommen Tsunamis)	wahrscheinlich	eher wahrscheinlich als nicht	wahrscheinlich

M1: Identifizierte und erwartete Klimaänderungen

M2: Quellentext zum globalen Temperaturanstieg
Harmeling, S.: Globaler Klimawandel (2008)

Diese Werte liegen etwa zwei- bis neunmal höher als die beobachtete Erwärmung während des gesamten 20. Jahrhunderts (0,74°C). Die Wissenschaftler des IPCC gehen davon aus, dass eine Verdoppelung der CO_2-Konzentration in der Atmosphäre zu einem Temperaturanstieg von etwa 3°C führt (Klimasensitivität von CO_2). Allerdings sind hierbei nicht alle möglichen Rückkopplungsprozesse berücksichtigt, die zum Teil schwer zu quantifizieren sind. Neuere Studien, die auch langfristige Effekte wie die CO_2-Aufnahmekapazität der Ozeane oder die Veränderungen der Oberflächenalbedo berücksichtigen […], halten eine Klimasensitivität von 6°C für möglich.

Darüber hinaus gilt ein Anstieg der Niederschlagssummen bis zum Jahr 2100 um bis zu 20 Prozent als wahrscheinlich. Zurückzuführen ist dieser Effekt darauf, dass die erwärmte Atmosphäre mehr Wasserdampf aufnehmen kann. Die Entwicklung wird aber nicht überall gleichmäßig verlaufen. Vielmehr ist von einer Verschärfung der hydrologischen Gegensätze auszugehen: In den meisten Gebieten, die schon jetzt ausreichend Niederschlag erhalten, werden die Niederschlagsmengen weiter zunehmen. Für Regionen, die bereits heute unter Wassermangel leiden, ist eher eine Verschärfung der Trockenheit zu erwarten. Zudem ist mit einer Zunahme von Extremwetterereignissen wie Starkniederschlägen mit Überschwemmungen, Hitzewellen und Stürmen zu rechnen.

Für Millionen Menschen, die in Gebieten leben, in denen sich die klimatischen Veränderungen besonders stark bemerkbar machen, könnten die Folgen dramatisch sein. In Afrika werden laut Schätzung des IPCC zwischen 75 und

Hydrologie
Wissenschaft vom Wasser, seinen Erscheinungsformen und Eigenschaften, seiner räumlichen und zeitlichen Verteilung, Umweltinterkation etc.

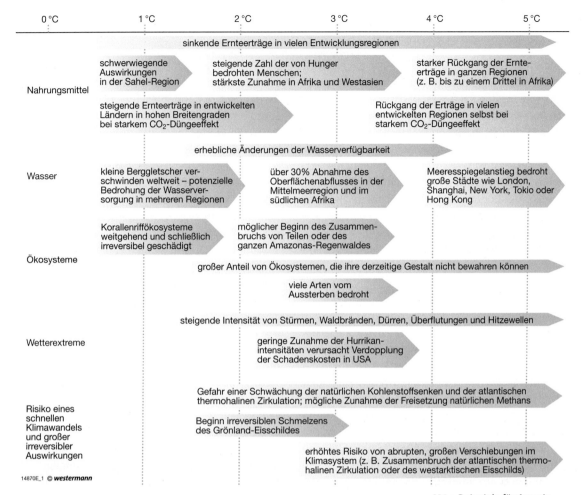

14870E_1 © **westermann**

M3: Beispiele für Auswirkungen des Klimawandels auf Sektoren und Ökosysteme

250 Mio. Menschen unter zunehmender Wasserknappheit zu leiden haben. Wegen des Temperaturanstiegs ist zudem mit einer verstärkten Verbreitung von Infektionskrankheiten zu rechnen. In Lateinamerika droht eine weitere Verdrängung des tropischen Regenwaldes. In Zentral- und Südasien können die Ernteerträge um bis zu 30 Prozent zurückgehen, während dagegen in Ost- und Südostasien sogar eine Steigerung um 20 Prozent möglich ist. Für Europa zeichnet sich eine differenzierte Entwicklung ab: Während für den Norden ein erhöhtes Risiko durch Überschwemmungen – auch im Landesinneren – und verstärkte Erosion durch Gewitter und Meeresspiegelanstieg prognostiziert werden, erwarten die Wissenschaftler für den Süden – vor allem den Mittelmeerraum – einen Rückgang der Niederschläge, einen stärkeren Anstieg der Temperaturen und dadurch bedingt eine zunehmende Trockenheit.

1 Analysieren Sie Schaubild M3, S. 117, und diskutieren Sie die These, dass der beobachtete Temperaturanstieg durch natürliche Ursachen erklärt werden kann.

2 Analysieren Sie den Kurvenverlauf der verschiedenen IPCC-Szenarien zur CO_2-Entwicklung und stellen Sie diese soweit möglich in einen Zusammenhang zu den jeweiligen Temperaturszenarien.

3 Fassen Sie zusammen, welche Klimaänderungen aufgrund der globalen Erwärmung erwartet werden bzw. bereits identifiziert werden konnten.

4 Beschreiben Sie die Folgen des Klimawandels für die verschiedenen Sektoren und Ökosysteme.

Mensch und Klima

Geländeklima

Die Geländeklimatologie untersucht Klimaeffekte und -prozesse im Bereich der bewachsenen und unbewachsenen Erdoberfläche, beispielsweise eines Tals, eines Küstenabschnitts oder eines Höhenzugs. Außer durch Faktoren wie Breitengrad, Höhenlage oder Kontinentalität wird das Geländeklima auch durch Eigenschaften wie Bodenbeschaffenheit, Wärmeleitfähigkeit des Bodens, Bewuchs oder das lokale Relief beeinflusst. Dieser Einfluss kann die großräumigen Klimaeffekte überlagern. Einzelne Klimaelemente eines Landschafts- oder Bodenabschnitts können deshalb stark von den Durchschnittswerten der entsprechenden Klimazone abweichen.

Stadtklima

Das städtische Klima unterscheidet sich mitunter stark vom Klima des Umlandes. Besonders auffällig sind diese Unterschiede im Bereich der Temperaturen: In Sommernächten kann es beispielsweise in der Stadt bis zu 10°C wärmer sein – obwohl die Durchschnittswerte der Sonnenscheindauer und Globalstrahlung in städtischen Gebieten infolge der Verschattung niedriger sind als im Umland. Verantwortlich für den Wärmeeffekt sind Faktoren wie eine höhere Gegenstrahlung in der Stadt und die Vergrößerung der Oberfläche durch die Bebauung. Der hohe Versiegelungsgrad der städtischen Oberflächen ist ebenfalls eine Folge der Bebauung. Er stellt ein großes Problem für das Stadtklima dar, weil er die Fähigkeit des Bodens herabsetzt, temperaturausgleichend zu wirken.

Das Ozonloch

Die Ozonschicht der Stratosphäre bildet einen Filter, der die Organismen der Erde vor dem besonders energiereichen kurzwelligen Sonnenlicht schützt. Das Ozon wird ständig auf- und wieder abgebaut. Infolge der Emission von industriellen Fluorchlorkohlenwasserstoffen (FCKW) hat der Mensch dieses Gleichgewicht gestört, so dass inzwischen deutlich mehr Ozon abgebaut wird. Das hat dazu geführt, dass sich die Ozonschicht über der Antarktis gegen Ende des südhemisphärischen Winters regelmäßig stark ausdünnt. Das bislang größte Ozonloch über der Antarktis wurde im Jahr 2006 nachgewiesen. Mittlerweile wurden ähnliche Effekte auch in der Nordpolarregion beobachtet.

Der anthropogene Treibhauseffekt

Der Verbrauch fossiler Energieträger führt dazu, dass große Mengen CO_2 in die Atmosphäre ausgestoßen werden. Das Klimagas CO_2 verstärkt den natürlichen Treibhauseffekt und sorgt dafür, dass die Mitteltemperatur der Atmosphäre in Bodennähe weiter ansteigt. Neben CO_2 sind – in geringerem Umfang – noch weitere Treibhausgase wie Methan und FCKW am anthropogenen Treibhauseffekt beteiligt. Die Emission von Treibhausgasen durch den Menschen seit Beginn der Industrialisierung hat dazu geführt, dass die globale Durchschnittstemperatur der Erde im Laufe des 20. Jahrhunderts bereits um 0,76°C angestiegen ist.

Aufgaben

1 Erläutern Sie die Unterschiede und Gemeinsamkeiten von Mikro-, Meso- und Makroklima und ordnen Sie das Stadtklima den Begriffen zu.
2 Erläutern Sie den Einfluss von Bewuchs und Vegetation auf Stadt- und Geländeklima.
3 Erklären Sie, warum es sinnvoll ist, den Ausstoß von Fluorchlorkohlenwasserstoffen (FCKW) weltweit zu begrenzen. Berücksichtigen Sie dabei die zeitliche Dimension bei der Wirkung von FCKW.
4 Erläutern Sie die Mechanismen des anthropogenen Treibhauseffekts.

Grundbegriffe

Makroklima
Mikroklima
Mesoklima
Wärmeinsel
Flurwinde
Versiegelung
Ozonschicht
Dobson Unit
Montrealer Protokoll
Treibhausgase
IPCC-Szenarien

Ausgewählte Literatur

Arntz, W. E., Fahrbach E.: El Nino. Klimaexperiment der Natur. Basel: Birkhäuser 1991

Bakan, S., Raschke: Der natürliche Treibhauseffekt. DWD (Deutscher Wetterdienst, Hrsg.): Das Klimasystem der Erde. In: Promet 28. Jg., H. 3 – 4/2002 , S. 85 – 94. Offenbach a. Main: DWD

Blüthgen, J., Weischet, W.: Allgemeine Klimageographie. Berlin: de Gruyter 1980

Claude, H., Steinbrecht, W., Köhler, U.: Entwicklung der Ozonschicht. In: Deutscher Wetterdienst (DWD) Klimastatusbericht 2005. Offenbach a. Main: DWD 2005

Deutscher Wetterdienst (DWD): Internationaler Wolkenatlas. Lizenzausgabe des International Cloud Atlas, Vol. II, der WMO. Offenbach a. Main: DWD 1990

DVWK: Ermittlung der Verdunstung von Land- und Wasserflächen. DVWK-Merkblätter zur Wasserwirtschaft, H. 238/1996. DVWK (Deutscher Verband für Wasserwirtschaft und Kulturbau e. V.). Bonn: Wirtschafts- und Verlagsgesellschaft Gas und Wasser mbh 1996

Fezer, F.: Das Klima der Städte, Perthes Geographie Kolleg, Gotha und Stuttgart: Klett-Perthes 1995

Frankenberg, P.: Moderne Klimakunde, Grundwissen von Advektion bis Treibhausklima. Braunschweig: Westermann 1991

Galin, M. B.: Die allgemeine Zirkulation der Atmosphäre und ihre Energetik. In: Hupper, P. (Hrsg.): Das Klimasystem der Erde. Diagnose und Modellierung, Schwankungen und Wirkungen, 131 – 145. Berlin: Akademie Verlag 1991

Gates, W. L.: Ein kurzer Überblick über die Geschichte der Klimamodellierung. In Promet 29, 1 – 4/2003, S. 3 – 5

Harmeling, S.: Diercke Spezial: Globaler Klimawandel. Braunschweig: Westermann 2008

Hupfer, P., Kuttler, W.: Witterung und Klima – Eine Einführung in die Meteorologie und Klimatologie. Stuttgart: Teubner 2005

Jacobeit, J.: Planetarische Zirkulation. In: Gebhard, H., Glaser, R., Radke, U., Reuber, P. (Hrsg.): Geographie – Physische Geographie und Human-geographie. Berlin: Spektrum 2007

Kraus, H.: Die Atmosphäre der Erde. Einführung in die Meteorologie. Berlin: Springer 2004

Latif. M.: Bringen wir das Klima aus dem Takt? Hintergründe und Prognosen. Frankfurt: Fischer 2007

Lauer, W., Bendix, J.: Klimatologie. Braunschweig: Westermann 2008

Lauer, W., Frankenberg, P.: Klimaklassifikation der Erde. Erläuterungen zur Klimakarte im Diercke-Atlas, Neubearbeitung 1988. In: Geographische Rundschau, 40. Jg., H. 6/1988, S. 55 – 59

Paeth, H.: Klimavorhersagen mit Computermodellen. Geographie heute, 241/242/2006, S. 60 Siegmund, A.: Diercke Spezial Angewandte Klimageographie – Klimatabellen und ihre Auswertung. Braunschweig: Westermann 2006

Raschke E., Quante, M.: Wolken und Klima. In: Promet 28. Jg., H. 3 – 4/2002, S. 95 – 107. Offenbach a. Main: DWD

Siegmund, A.: Diercke Spezial: Angewandte Klimageographie. Braunschweig: Westermann 2006

Siegmund, A., Frankenberg, P.: Die Klimatypen der Erde – ein didaktisch begründeter Klassifikationsversuch. In: Geographische Rundschau, 51. Jg., H. 9/1999, S. 494 – 499

Wagner, G.: Diercke Spezial: Energieversorgung und Klimaschutz in Deutschland. Braunschweig: Westermann 2010

Zellner, R.: Chemie der Atmosphäre und der Ozonabbau. In. Guderian, R. (Hrsg.): Atmosphäre, Bd. 1 A, S. 342 – 382. Berlin: Springer 2000

Quellentextverzeichnis

6 M 3 Sven Harmeling: Diercke Spezial: Globaler Klimawandel. Braunschweig: Westermann 2008, S. 6

9 M 5 Dieter Walch, Harald Frater (Hrsg.): Wetter und Klima. Berlin: Wissenschaftliche Buchgesellschaft 2004, S. 90

11 M 4 Rainer Glawion, Rüdiger Glaser, Helmut Saurer: Physische Geographie. Braunschweig: Westermann 2009, S. 98

50 M 2 Rainer Glawion, Rüdiger Glaser, Helmut Saurer: Physische Geographie. Braunschweig: Westermann 2009, S. 329

51 M 5 Dieter Walch, Harald Frater (Hrsg.): Wetter und Klima. Berlin: Wissenschaftliche Buchgesellschaft 2004, S. 18/19

61 M 3 Martin Kappas: Klimatologie. Heidelberg: Spektrum 2009, S. 99

71 M 4 Dieter Walch, Harald Frater (Hrsg.): Wetter und Klima. Berlin: Wissenschaftliche Buchgesellschaft 2004, S. 68

76 M 1 Wilhelm Kuttler: Klimatologie. Paderborn: Schöningh UTB 2009, S. 114

76 M 2 Martin Kappas: Klimatologie: Klimaforschung im 21. Jahrhundert. Heidelberg: Spektrum 2009, S. 105

79 M 3 Martin Kappas: Klimatologie: Klimaforschung im 21. Jahrhundert. Heidelberg: Spektrum 2009, S. 117

83 M 3 Sven Harmeling: Diercke Spezial: Globaler Klimawandel. Braunschweig: Westermann 2008, S. 44

86 M 1 Wilhelm Lauer, Jörg Bendix: Das Geographische Seminar: Klimatologie – Neubearbeitung. Braunschweig: Westermann 2006, S. 187

91 M 3 Dieter Walch, Harald Frater (Hrsg.): Wetter und Klima. Berlin: Wissenschaftliche Buchgesellschaft 2004, S. 160

95 M 4 Alexander Siegmund: Diercke Spezial: Angewandte Klimageographie – Klimatabellen und ihre Auswertung. Braunschweig: Westermann 2006, S. 20

96 M 2 Alexander Siegmund: Diercke Spezial: Angewandte Klimageographie – Klimatabellen und ihre Auswertung. Braunschweig: Westermann 2006, S. 21

103 M 2 Alexander Siegmund: Diercke Spezial: Angewandte Klimageographie – Klimatabellen und ihre Auswertung. Braunschweig: Westermann 2006, S. 35

109 M 4 Wilhelm Lauer, Jörg Bendix: Das Geographische Seminar: Klimatologie – Neubearbeitung. Braunschweig: Westermann 2006, S. 162

112 M 1 Gerhard Wagner: Diercke Spezial: Energieversorgung und Klimaschutz in Deutschland. Braunschweig: Westermann 2010, S. 6

112 M 2 Digitaler Umweltatlas

Berlin: 01.02. Versiegelung (2007)
www.stadtentwicklung.berlin.de/
umwelt/umweltatlas/db102_01.
htm

115 M 3 Spiegel Online: Antarktis:
Rekord-Ozonloch so groß wie USA
und Russland, 20.10.2006

116 M 2 tagesschau.de: Forscher entdecken Ozonloch über der Arktis,
03.10.2011

118 M 1 Sven Harmeling: Diercke
Spezial: Globaler Klimawandel.
Braunschweig: Westermann 2008,
S. 11

120 M 2 Sven Harmeling: Diercke
Spezial: Globaler Klimawandel.
Braunschweig: Westermann 2008,
S. 29

Register
....

Abbildungsverzeichnis